교회건설매뉴얼
3

장례 매뉴얼

KB214787

교회건설매뉴얼 3
장례 매뉴얼

초판 1쇄 발행 2023년 12월 30일
초판 2쇄 발행 2024년 1월 5일

지은이 | 안재경
펴낸이 | 안재경
펴낸곳 | 교회건설연구소

등 록 | 제 2023-000211호
주 소 | 서울특별시 서초구 서운로11길 7, 서초동교회 지하1층(서초동)
전 화 | 02-3474-6603
이메일 | andrewjk@hanmail.net

디자인 | 참디자인

ISBN 979-11-985485-1-1 [13230]

교회건설매뉴얼 3

장례 매뉴얼

안재경 편집

교회건설연구소

차례

머리말

　한국 사회는 이미 초고령사회로 접어들었습니다. 교회마다 성도들의 연령층도 높아져 갑니다. 장례식이 많습니다. 그만큼 장례식은 중요해졌지만 동시에 부담스러운 일이 되어 버렸습니다. 우리는 장례식을 형식적으로만 치를 것이 아니라 하늘나라를 소망하는 복된 예식으로 만들어야 합니다. 무릇 끝이 중요합니다. 단순하게 말하자면, 교회가 고인의 마지막을 어떻게 대하느냐가 사람에 대한 존중과 예의를 보여주는 척도입니다.

　교회는 가능한 장례를 적극적으로 도와야 합니다. 유가족과 조문객에게 복음을 전하기 위해서라도 기독교 장례식의 아름다움을 보여주는 것이 좋습니다. 최근에 기독교 장례를 표방하면서 3무(無), 조화, 부의함, 영정 없는 장례를 하자는 말이 나오기도 합니다. 기독교 장례식이라고 하면서도 비기독교적이고 미신적인 장례를 치르는 경우도 있습니다. 그러나 우리는 기독교 예식의 단정함과 품위를 잘 보여 주어야 합니다.

죽음 이후 장례를 치르는 것만이 아니라 연로한 어르신들을 위해 죽음을 준비하는 것을 가르쳐야 합니다. 죽음에 대해 언급하는 것을 터부시해서는 안 됩니다.

이에 본 교회건설연구소는 죽음을 준비하는 것부터 시작하여 장례 절차와 위로예식 등을 정리하는 매뉴얼을 만들어 내놓습니다. 자료수집뿐만 아니라 수차례의 워크샵을 통해 이 매뉴얼을 완성하는 데 큰 도움을 준 성희찬(작은빛교회), 임경근(다우리교회), 안정진(서초동교회), 손재익(한길교회) 목사에게 진심으로 감사드립니다.

이 매뉴얼의 출간을 위해 여러 분들이 후원을 해 주셨습니다. 일일이 밝히지 못하는 것을 양해해 주시기 바랍니다. 모쪼록 이 매뉴얼을 통해 성도들이 죽음을 잘 준비하고, 장례식이 슬픔을 위로하고 소망이 넘칠 뿐 아니라 복음을 전하는 복된 예식이 되기를 바랍니다.

2023년 11월
편집인 안재경 목사(교회건설연구소장, 온생명교회 담임)

1장
죽음을 어떻게 가르칠까?

1. 죽음을 가르쳐야 할 교회

친숙했던 죽음

인류 역사에서 죽음은 친숙했다. 수명이 짧고, 전염병, 기근, 전쟁 등으로 죽음은 흔했다. 출산 시 영아와 산모의 죽음이 잦고, 어린이가 어른이 되기 전에 죽는 경우도 흔했다.

죽음은 가까이 있었다. 죽음을 접할 기회가 많았다. 대부분은 집에서 죽고, 장례식은 마을 행사였다. 어린이는 어른의 죽음을 자주 목격하고, 이웃의 죽음을 곁에서 지켜보았다.

현대인에게 소외된 죽음

현대인에게 죽음은 소외되었다. 핵가족화, 도시화, 의학의 발달, 현대적 장례문화는 우리의 일상에서 죽음을 분리시켰다. 핵가족 위주의 생활과 젊은 사람들의 도시 이동은 노인과 젊은이를 분리시켰다. 의학의 발달은 임종을 집이 아니라 병원이나 요양시설에서 맞이하게 만들었다. 장례식장, 화장장, 무덤은 도시 중심에 있지 않고, 외진 곳에 있다. 묘지는 도시 밖으로 쫓겨나고 추모 공원이나 납골당의 형태로 존재하게 되었다. 그런 시설이 들어오려 할 때 지역 주민은 반대한다. 이로 인해 죽음은 현대인에게 소외되었다.[1]

현대사회를 '죽음이 배제된 사회'라고 한다. 죽음에 대한 진지한 이야기를 좀처럼 들어보기 어렵다. 사회 전체가 죽음의 문제를 외면한다. 교회에서도 죽음에 관한 이야기를 듣기 어렵고, 대학에서도 죽음에 대한 강의를 발견하기 어렵다.[2]

죽음을 기억하라(메멘토 모리)

이러한 변화에도 불구하고 죽음은 여전히 흔하다. 무수한 생명이 태어나는 그 숫자와 동일하게 수많은 죽음이 있다. 우리는 언제든지 죽을 운명이다. 죽음은 다른 사람만 겪을 일이 아니라 내가 겪을 일이다. 모든 사람은 죽는다(히 9:27; 욥 30:23; 시 89:48; 전 3:20; 롬 5:12).

죽음은 생명만큼이나 흔하다. 죽음과 생명은 분리되지 않는다. 생

---

1 최은주, 『죽음, 지속의 사라짐』(서울: 은행나무, 2014), 14, 17.
2 김균진, 『죽음과 부활의 신학』(서울: 새물결플러스, 2015), 6.

명의 끝에 죽음이 있다. 생명과 죽음은 맞닿아 있다. 그렇기에 누구든지 죽음을 항상 생각해야 한다. 유럽 역사에서 많은 사람은 메멘토 모리(*Memento Mori*)라 하여, 죽음을 항상 기억했다.

죽음을 가르치고 준비해야 할 교회

교회는 교인들에게 죽음을 가르치고 준비시켜야 한다. 역사적으로 교회는 이 일에 충실했다. 중세교회는 죽음에 대해 가르쳤다. 웨스트민스터 예배모범은 '환자의 심방에 관하여'라는 장에서 "목사는 그들이 건강할 때 죽음을 준비하도록 권면해야 한다"고 가르친다.

교회는 죽음을 가르쳐 삶을 깊이 있고 성숙하게 만들어야 한다.[3] 죽음을 의식할 때, 인간은 겸손해질 수 있고 인간다운 인간이 될 수 있다.[4] "삶을 원하거든 죽음을 준비하라"(*Si vis vitam, para mortem*)는 격언에 따라 그리해야 한다.[5] 죽음은 죽은 자의 문제가 아니라 산 자의 문제다.[6]

교회는 모든 세대에게 죽음을 가르쳐야 한다. 어린이에게도 죽음을 가르쳐야 하고, 청년에게도 죽음을 가르쳐야 한다. 연로한 교인에게는 더더욱 죽음을 가르쳐야 한다. 그리하여 모든 교인에게 천국을 소망하

---

3 제프리 뉼린, "너의 무덤 곁에 서서," 마이클 부쉬 엮음, 『내 아버지 집에 거할 곳이 많도다』, 김요한 옮김 (서울: 새물결플러스, 2010), 164.
4 김균진, 『죽음과 부활의 신학』, 45.
5 한동일, 『라틴어 수업』, (흐름출판, 2017), 151-157; 김균진, 『죽음과 부활의 신학』, 6.
6 최은주, 『죽음, 지속의 사라짐』, 20.

게 하고, 혹여나 뜻하지 않은 죽음, 불의의 사고로 인한 죽음이 닥치더라도 언제든지 하늘 소망을 가질 수 있도록 가르쳐야 한다.

2. 그리스도인에게 죽음이란

죽음

죽음은 단순한 자연현상이 아니라 죄의 결과다(창 3:19; 롬 6:23). 사람은 원래 죽을 수 없는 상태에 있었으나, 죄를 범함에 따라 하나님의 진노(시 90:7, 9)와 그 심판의 결과(롬 1:32; 5:16; 갈 3:13)로 죽음이 오게 되었다(창 2:17; 3:19; 롬 5:12, 17; 6:23; 히 9:27; 약 1:15). 죽음 뒤에는 죄의 형벌이 기다리고 있다.

자연인은 죽음 후 영원히 꺼지지 않는 지옥 불에 던져질 것이다(마 3:12; 18:8-9). 그리스도 밖에 있는 사람은 죽을 때 자신의 죄로 말미암아 그 영혼이 지옥으로 던져져서, 고통과 극심한 어둠에 있게 되며, 예수님이 재림하실 때 몸이 부활하여서 영혼과 함께 몸도 고통을 받게 될 것이며, 무엇보다 그 고통은 끝없이 계속될 것이다(웨스트민스터 대교리문답 86문).

반면 거듭나서 그리스도를 믿는 이들에게는 천국이 기다리고 있다. 하나님과 예수 그리스도와 더불어 영원한 안식을 누린다.

몸의 죽음

하나님께서 처음 사람을 창조하실 때, 땅의 흙으로 사람을 지으시고 생기를 그 코에 불어 넣으심으로 생령(생명체)이 되게 하셨다(창 2:7). 이는 사람이 몸과 영혼으로 구성되어 있음을 보여준다. 사람은 '몸'과 '영혼'이 하나 되어 존재하는 '영육 통일체'다. 사람은 본래의 창조로부터 새로운 창조에 이르기까지 몸과 영혼으로 된 존재다. 몸과 영혼이라고 하는 독립된 두 요소로 구성된 이원적 존재가 아닌 몸과 영혼이 하나의 통일체로 존재한다.

살아 있는 동안 몸과 영혼은 분리되지 않는다. 죽으면 분리된다. 몸은 그 기능이 정지된 채 땅속에 들어가 썩어서 흙으로 돌아가고, 영혼은 별도의 지정된 곳, '하늘'로 간다(전 12:7). 거기에서 그리스도와 함께 하나님 앞에 있게 된다(빌 1:23; 고후 5:8; 웨스트민스터 신앙고백서 32장 1절; 웨스트민스터 소교리문답 37문; 대교리문답 86문).

성도가 죽어서 하늘에 있을 때는 기쁘고 즐거우며(시 16:10-11), 이미 안식에 들어간 좋은 상태다. 성도는 분명한 기쁨과 즐거움과 영생에 대한 의식을 가진다(시 17:15; 하이델베르크 교리문답 58문). 또한 성도의 영혼은 완전한 성화의 상태에 있다(히 12:23). 영혼이 더 이상 죄를 범할 가능성이 없는 가장 온전한 영혼의 상태에 이르는 것이 성도의 죽음이다.

죽음과 부활 사이, 중간 상태

죽으면 몸과 영혼이 분리되고 몸은 썩는다. 거듭난 자의 경우 영혼은 하나님의 품에 안긴다. 이 상태는 최종 상태가 아니다. 예수 그리스도께서 재림하실 때 몸이 부활하여 영혼과 결합할 것이다. 그러므로 죽음 이후의 상태는 '중간 상태'다.

중간 상태에 있는 자들은 영혼만이 즐거움과 기쁨을 누린다. 그 즐거움과 기쁨이 완성되기 위하여 몸의 부활을 기다리며, 동시에 하나님께서 당신의 구원 사역의 결정체로서 이루실 새 하늘과 새 땅을 바라본다(계 6:10-11; 웨스트민스터 소교리문답 37문).

몸의 부활

예수 그리스도께서 재림하시는 날 몸이 부활한다. 부활한 몸은 죽을 때의 몸과 다르다.

① 썩지 아니할 몸이다(고전 15:42, 53).

② 영광스러운 몸이다(고전 15:43; 빌 3:21; 골 3:4).

③ 강한 몸이다(고전 15:43).

④ 신령한 몸이다(고전 15:44).

⑤ 장가가고 시집가는 일이 없다(눅 20:35).

부활한 몸은 완전한 인격체를 이루고 몸과 영혼이 함께 영원한 생명과 복락을 누린다.

그리스도인에게 죽음이란

그리스도인은 몸의 부활을 기다린다. 이런 점에서 성경은 죽음을 비유적으로 '잔다'고 표현한다.

예수님은 회당장 야이로의 딸이 죽었을 때 "이 아이가 죽은 것이 아니라 잔다"(막 5:39; 참조. 마 9:24; 눅 8:52)고 하셨다. 예수님은 나사로가 죽었을 때 제자들에게 "우리 친구 나사로가 잠들었도다. 그러나 내가 깨우러 가노라"(요 11:11)고 하셨다. 스데반이 돌에 맞아 순교하였을 때, 누가는 "주여 이 죄를 그들에게 돌리지 마옵소서 이 말을 하고 자니라"(행 7:60) 라고 기록했다. 고린도전서 15:6은 "그 후에 오백여 형제에게 일시에 보이셨나니 그중에 지금까지 대다수는 살아 있고 어떤 사람은 잠들었으며"라고 말한다. 고린도전서 15:18은 "그리스도 안에서 잠자는 자도 망하였으리니"라고 말한다. 고린도전서 15:20은 "그러나 이제 그리스도께서 죽은 자 가운데서 다시 살아나사 잠자는 자들의 첫 열매가 되셨도다"라고 표현한다. 데살로니가전서 4:13-14는 "형제들아 자는 자들에 관하여는 너희가 알지 못함을 우리가 원하지 아니하노니 이는 소망 없는 다른 이와 같이 슬퍼하지 않게 하려 함이라 우리가 예수께서 죽으셨다가 다시 살아나심을 믿을진대 이와 같이 예수 안에서 자는 자들도 하나님이 그와 함께 데리고 오시리라"라고 표현한다. 이렇게 그리스도 안에서 죽은 자는 다시 부활할 것이기에 마치 '자는 자'와 같다고 말한다.

왜 '잠들었다' 혹은 '잠자는 자'라고 표현할까? 비록 지금은 죽었지만, 결국에는 그리스도로 말미암아 다시 살아날 것이기 때문이다.

종교개혁자 마르틴 루터는 이런 말을 남겼다. "그분이 와서 무덤의 문을 두드리며, '루터야! 일어나거라!'하고 부르실 때까지, 우리는 자야 한다. 그러면 나는 한순간에 일어날 것이며, 영원히 그분과 함께 기뻐할 것이다. 눈이 감기자마자 나는 부활할 것이다. 수천 년이 잠깐 잠잔 것처럼 느껴질 것이다."[7]

영혼 수면설이 아니다

죽음을 잔다고 표현한 것은 비유이지 문자적인 의미가 절대로 아니다. 성경을 문자적으로 잘못 이해해서 '영혼 수면설'(靈魂睡眠說)을 주장한 경우가 있다. 주로 안식교나 여호와의 증인이 주장한다.

정통 기독교는 영혼 수면설을 따르지 않는다. 사람이 죽은 뒤에 영혼이 자는 것이 아니다. 영혼이 무의식 상태에 있는 것이 아니다. 성경에서 죽음을 가리켜 '잔다'고 표현한 것은 비유다.[8] 죽음은 안식한다는 의미다. 죽음은 끝이 아니라 영생으로 들어가는 관문이다.

그리스도인에게 죽음은 비참하거나 슬프거나 두려운 것이 아니다. 죽음은 그리스도 안에서 힘을 잃었다. 그리스도인은 죽음 이후 마치

---

7   김균진, 『죽음과 부활의 신학』, 383.
8   웨스트민스터 신앙고백서 32장 1절에도 "사람의 몸은 죽은 후 흙으로 돌아가 썩는다. 그러나 그들의 영혼은 (죽거나 잠자지 않으며), 죽지 않고 살아서, 즉시 하나님께로 돌아간다."라고 되어 있다.

침대에서 잠자는 것처럼 안식할 것이다(웨스트민스터 대교리문답 86문).

죽음을 두려워하지 않는 그리스도인

불신자에게 죽음은 영원한 형벌로 들어가는 것이다. 그렇기에 두렵다. 반면 그리스도인에게 죽음은 복되다(계 14:13). 죽음을 통해 수고를 그치고 쉬며, 애통하는 것이나 곡하는 것이나 아픈 것이 다시 있지 않을 것이다(계 21:4).

이를 아는 그리스도인은 자신의 한 번뿐인 인생을 봉사의 기회로 삼고(엡 5:16), 세속에 물들지 않기 위해 힘쓰되(딤후 4:17), 살든지 죽든지 주를 위해 살아야 한다. 성도는 마치 그리스도께서 어제 죽으셨고 오늘 아침 일어나셨으며 내일 다시 오실 것처럼 살아야 한다.[9]

죽음에 임박해서는 두려워하지 말아야 한다(살전 4:13-18). 믿지 않는 자들처럼 죽음만을 가지고 지나치게 슬퍼하는 것은 바람직하지 못하며(살전 5:13-18), 성령께서 주시는 확신으로 말미암아 부활과 영생의 상급을 바라며 서로 위로해야 한다(롬 12:15; 고후 5:5).

"사망아 너의 승리가 어디 있느냐 사망아 네가 쏘는 것이 어디 있느냐"(고전 15:55)

---

9   Anthony A. Hoekema, *The Bible and The Future* (Grand Rapids: Eerdmans, 1979), 이용중 옮김, 『개혁주의 종말론』 (서울: 부흥과개혁사, 2012), 196.

3. 어떻게 교인에게 죽음을 가르칠까?

교회는 교인에게 죽음을 가르치고 준비시켜야 한다. 모든 세대에게 가르쳐야 한다. 어린이, 청소년, 청년, 장년, 노년 모두에게 가르치고 준비케 해야 한다. 이를 위해 목사는 설교와 사도신경 강해, 교리교육, 장례식 등을 통해 죽음을 교훈해야 한다. 설교자는 죽음을 다루는 성경 본문을 적절히 다뤄야 한다. 또한 사도신경의 '몸의 부활' 항목을 자주 가르쳐야 한다. 소교리문답을 통해 어린이들에게 죽음의 의미를 가르쳐야 한다. 가능하면 모든 세대가 교인의 장례식에 참석하게 하여서 죽음을 배우도록 해야 한다.

설교자는 죽음을 교훈할 일이 많다 보니 회중들도 이미 충분히 알고 있다고 생각하기 쉽다. 하지만 장례식에 주로 참석하는 교인이 아닌 경우는 죽음에 대해 들을 기회가 별로 없다.

장로 역시 평소에 죽음과 장례에 대한 성경적 지식을 잘 익혀, 교인들을 가르치고 심방하면서 죽음을 교훈하는 일에 힘써야 한다.

2장
장례의 역사와
성경의 가르침

장례도 삶의 양식이다. 삶으로서의 장례문화는 지역과 민족, 종교의 영향 아래 있다. 기독교 장례는 어떤 과거(역사)를 가지고 있나? 성경은 장례에 관해 무엇이라 가르치는가? 먼저 장례의 역사와 성경적 원리를 살피려 한다. 그리고 화장과 매장의 문제를 개혁주의적 입장에서 정리하려 한다.

1. 장례의 역사

1) 한국의 장례문화

근대 한민족의 장례문화는 주로 유교의 영향을 받아 형성되었는데, 무속과 불교의 영향도 혼합되어 있다. 전통 장례는 매우 복잡한 의례로 이루어졌다. 그 절차가 무려 19단계나 된다.[10] 경제적 여유가 있는 양반은 이 모든 절차를 따라 장례를 행할 수 있지만, 일반 평민은 간소화할 수밖에 없었다. 장묘 형식으로 불교는 화장을 선호했지만, 대체로 한민족은 유교와 전통을 따라 매장을 선호했다.

현 장례문화는 일제 강점기 1934년 '의례준칙'을 실행하여 '신주'(神主) 대신 '지방'(紙牓)으로 간소화되었다.[11] 그리고 해방 후 1969년 제정된 '가정의례준칙'은 장례를 더 단순화했다. 그후 장례는 매장에서 화장으로 변화하기 시작했다. 동시에 장례식이 가정에서 예식장(병원 부속혹은 독립된 건물)으로 바뀌었는데, 그로 인한 장례 예법의 변화가 불가피했다. 특히 장의사(葬儀社, 장례 의식을 전문적으로 도맡아 하는 사람)[12]의 등장으로 장례문화의 허례허식을 벗어날 수 있었고 더 간소화되었다.

2) 장례문화의 두 방향

장례는 크게 두 방향으로 나뉜다. '죽은 자 중심의 장례'와 '산 자 중심의 장례'이다.

유대교 장례는 '산 자 중심의 장례'의 대표적 예다. 고인을 잃은 유족의 슬픔을 위로하여 일상으로 돌아올 수 있도록 돕는 것이 장례의 핵

---

10 초종, 습, 소렴, 대렴, 성복, 조, 문상, 치장, 천구, 발인, 급묘, 반곡, 우제, 졸곡, 부제, 소상, 대상, 담, 길제가 있다.
11 신주(神主)는 사당 따위에 모셔두는 죽은 사람의 나무 위패를 말한다. 지방(紙牓)은 종이에 글을 써서 만든 신주를 말한다.
12 주로 시체의 염습, 매장, 화장과 같은 장례 절차의 계획 및 준비 등을 담당한다.

심 요소다. 유대교 장례는 영혼 불멸이나 육체의 부활에 대한 소망이 약하다. 죽은 자의 영향이 남아 있는 산 자에게 더 많은 관심을 기울인다. 그래서 장례식 자체뿐만 아니라, 그 후 이어지는 시기에 대한 돌봄에 관심이 많다.

초대교회는 대체로 로마 문화의 풍습을 따라 매장을 했다. 유대교처럼 '산 자 중심의 장례'를 하면서 더 나아가 기독교 정신을 살렸다. 신자의 죽음을 잠자는 것으로 여겼기에 부활의 소망을 담아내려고 무덤에 '양치는 장면', '물고기', '잔치 장면', '나사로의 부활', '맹인을 고치는 장면'을 그리기도 했다. 초대교회의 장례 모습을 보자. 첫째, 시신을 씻기고 기름을 바른 후 흰 세마포를 입혀 관에 누이고, 기도하는 의식을 행했다. 둘째, 로마의 풍습이 밤에 장례행사를 했는데, 기독교인은 낮에 시행했다. 소망의 시편 찬송을 부르며, 올리브 잎을 들고 등불과 향을 태웠다. 셋째, 시신 주변에 유족과 그리스도 안에서의 형제자매가 앉아 찬송과 감사의 예식을 행했다. 넷째, 시신에 평화의 입맞춤을 했다. 다섯째, 시신의 발이 동쪽을 향하게 하여 의의 태양이 떠오르는 쪽을 바라보도록 했는데, 부활의 소망을 뜻한다.

고대 이집트 장례는 '죽은 자 중심의 장례'의 전형이다. 사자(死者)에 대한 불멸 의식에 무게가 실린다. 시신을 미라(Mirra) 처리하고, 거대한 피라미드를 건축하고, 순장(殉葬)도 불사하는 장례문화가 그 예이다. 그들은 3천 년이 지나면 죽은 자가 다시 살아 돌아온다고 믿음을 장례에 적용했다.

중세 로마 교회는 '죽은 자 중심의 장례'를 발전시켰다. 종유성사(終油聖事)를 성례로 만들어 중요하게 취급했고, 성대한 장례미사를 통해 죽은 자의 영혼을 최고로 대우했다. 로마 교회가 가르치는 사후 세계에 대한 교리의 영향이다. 로마 교회는 죽은 후 재림까지는 중간기에 죽은 자가 머무는 거처가 있다고 가르친다. 첫째 거처는 죽음에 이르는 죄를 범한 자가 갈 지옥이다. 둘째 거처는 성인들이 가는 천국이다. 셋째 거처는 예수님의 부활 때까지 머물러 있던 구약의 신자들이 있는 선조림보(先祖, Limbus Patrum)이다. 넷째 거처는 세례받지 않은 모든 아이들의 영혼이 거처하는 유아림보(乳兒, Limbus Infantum)이다. 다섯째 거처는 대부분의 신자들이 가야 하는 연옥(煉獄, Purgatorium)이다. 연옥은 죄 용서받는 곳이 아니라, 벌을 경감받는 곳이기에 장례는 죽은 자의 형벌 경감을 위한 방향으로 구성된다. 전야 기도회, 위령 성무일도, 레퀴엠, 화려한 장례 행렬, 장례미사의 대미인 죽은 자를 위한 탄원기도 같은 것들이다.

종교개혁은 중세 로마 교회의 '죽은 자 중심의 장례'를 '산 자 중심의 장례'로 개혁했다. 루터와 칼뱅은 장례를 성례로 보지 않았을 뿐만 아니라, 교회의 사역으로 보지도 않았다. 장례를 가정이나 단체, 혹은 시민 정부의 일로 보았다. 이런 방법으로 개신교회는 로마 교회의 장례 폐해를 벗어났다.

종교개혁은 죽음을 어떻게 보았는가? 첫째, 죽음 후 성도의 영혼은 바로 하늘나라에 들어가고, 불신자의 영혼은 지옥에 던져지고 대 심판의 날까지 머문다. 둘째, 유족의 그 어떤 공로나 행위도 고인의 운명에 영향을 미칠 수 없다. 셋째, 죽은 자의 영혼은 다시 세상으로 돌아오지 못한다. 넷째, 사후 영혼이 귀신으로 승화한다는 사상을 인정하지 않는다.

개신교의 장례는 기본적으로 죽은 자를 위한 것이 아니라, 유족을 위한 것으로 발전했다. 이에 따른 장례의 모습은 다른 이방 종교나 로마 교회와 다르다. 첫째, 장례는 가족의 일이니, 장례의 주도권은 교회가 아니라, 가족이 쥔다. 둘째, 장묘 방법이나 형식(화장이냐 매장이냐)은 가족이 결정한다. 셋째, 교회는 유족과 상의하여 장례를 도울 수 있다.

2. 장례의 성경적 원리

성경은 장례 매뉴얼을 제공하지 않는다. 구약에는 요셉의 장례가 상당히 상세하게 기록되어 있다. 신약에는 예수님의 장례가 비교적 자세하다. 요셉의 장례는 이방 국가 이집트의 관습을 따른 것이니, 모범으로 삼을 필요가 없지만, 예수님의 장례는 어떨까? 예수님의 장례도 유대인의 관습에 따라 진행된 것이니 기독 교회가 따라야 할 모범으로 삼을 수 없다. 성경은 특정한 장례 절차나 관례를 규정하지 않는다. 오히려 장례는 각 시대의 문화와 사회적 상황에 더 의존한다. 교회는 시대마다 장례에 대한 성경적 가르침을 어떻게 적용해 왔을까?

교회는 처한 문화 가운데 죽음과 삶에 대한 성경적 관점을 정리하고 거기에서 장례문화를 유추하며 지혜를 모아야 한다. 성경이 가르치는 죽음과 삶, 장례에 대한 교리, 일반은총의 관점을 살펴 정리해보자.

첫째, 장례는 죽은 자의 시신을 가벼이 대하지 않는다. 이 원리에서 시신을 처리하고 장례를 준비하며, 매장이나 화장하는 과정에서 예법을 정한다.

둘째, 장례는 유족을 위로하는데 많은 관심을 쏟는다. 장례는 죽은 자의 가족과 친구에게 위로와 지원을 제공하는 기회이다. 조의를 표하는 것, 추억과 이야기를 나누는 것, 그리고 장례 이후 며칠 혹은 몇 주 동안 실질적 도움과 지원을 포함한다.

셋째, 장례는 인생과 죽음에 대해 숙고하는 기회다. 장례는 인생의 의미, 죽음의 현실, 영생의 소망에 대한 숙고의 시간이다. 이는 말씀, 기도, 찬송, 그리고 죽은 사람의 생애와 유산을 기리는 추모를 포함한다.

넷째, 장례는 교회 공동체의 연대를 강화하는 역할을 한다. 장례는 가족, 친구, 지역 사회 구성원을 하나로 엮는 기회를 준다. 장례 중이나 후에 접대나 식사, 조의금 제공을 통해 상호 섬김을 실천하고 누릴 수 있다.

기독교 장례의 유일한 방법은 존재하지 않는다. 장례는 다양한 방식을 통해 죽은 자의 삶을 기억하고, 슬픔을 나누며, 위로와 지원을 제공하는 역할을 한다.

3. 매장과 화장에 대한 개혁주의 입장

기독교 장례는 전통적으로 매장을 장묘문화로 선택해 왔다. 그에 비해 이교(異敎)에는 화장 문화도 있었다. 한국은 전통과 유교의 영향으로 매장이 기본 방식이었다. 하지만, 최근에는 매장지의 부족으로 매장을 꺼리고, 화장이 일반화되고 있다.

여기에서 질문이 생긴다. 기독교는 화장을 할 수 있는가? 아니면 매장만이 기독교적인가?

전통적으로 기독교가 화장을 꺼린 이유는 다음과 같다.

첫째, 이교 장례문화의 산물이다. 시신을 태우지 않으면 혼령이 다시 돌아와 산자를 괴롭힌다는 신앙에 근거한다. 화장을 통해 시신은 현세의 속박으로부터 해방되어 죽은 자의 세계로 간다는 생각이다. 그래서 기독교가 화장을 허용하면 믿음이 약한 자들이 시험에 들거나 믿음이 더 약화할 수 있다고 염려한다.

둘째, 성경에 육체의 불사름은 형벌과 심판이다.

셋째, 화장에서 시신의 급격한 해체는 자연 질서에 역행한다고 본다. 특히 시신을 불태우는 광경은 유족에게 부활의 소망을 주지 못한다고 보았다.

넷째, 교회사적으로 화장은 도외시되었다. 로마 가톨릭교회는 오랫동안 화장을 비기독교적 악습이라고 금지했다.

위와 같은 생각은 근거가 약하다.

화장은 비성경적이고 매장만이 기독교 장묘라고 말할 수는 없다. 시신 처리 방법(매장과 화장)이 신자의 부활에 그 어떤 영향도 미치지 않기 때문이다. 매장만이 윤리적으로 옳다고 주장하기에도 근거가 약하다. 장례에는 그보다 더 실제적 측면이 많이 있기 때문이다.

화장도 장묘의 한 방법으로 인정할 수 있다. 기독교 윤리는 하나님 사랑과 이웃 사랑의 대원리에 근거해야 한다. 장묘방식도 마찬가지다. 대한민국의 현실적 상황은 매장보다는 화장으로 이끌고 있다. 첫째, 국토가 비좁은 한반도에 매장은 폐해가 되고 있다. 둘째, 묘지의 난립은 임야나 환경에 좋지 않다. 셋째, 장례비용의 절감과 편리성이다.

기본적으로 교회가 장례의 주체가 아니기에 가족이 어떤 방식을 택할 것인지 결정하도록 존중해야 한다. 교회가 어떤 방식을 고집하거나 주장할 수는 없다.

장묘의 방법을 결정하기 위해서는 다음과 같은 장례의 원리에 의해 결정해야 한다.

첫째, 죽은 자의 시신을 소홀히 하느냐이다. 매장에 비해 화장은 시신을 소홀히 하는 것일까? 문화나 관습에 따라 그 판단이 다를 수 있다. 시신을 대하는 태도와 방식은 시대와 문화에 따라 다르다. 화장이 시신을 가벼이 대한다고 할 수 없다.

둘째, 유족을 위로하느냐이다. 매장이 화장보다 유족을 더 위로한다고 할 수 있을까? 이 또한 문화에 의존적이다. 시신을 태우는 것이 유족에게 큰 상실감을 준다고 볼 수 있을까? 그렇지 않은 것이 현실이다.

셋째, 장례가 인생과 죽음에 대해 숙고하는 기회를 제공하느냐이다. 매장과 화장 가운데 어느 방법이 인생과 죽음에 대해 숙고할 기회를 제공하지 못하는 것일까? 이 또한 절대적 판단의 기준을 만들기 어렵다. 화장할 때 시신이 불타는 것을 유족에게 보이지 않으려고 가리거나, 외면하는 것을 비난하는 측면이 있지만, 꼭 그렇게 볼 일도 아니다.

넷째, 장례가 공동체의 연대를 강화하느냐이다. 매장과 화장 가운데 어느 것이 더 이 목적에 적합할 것인가? 이 또한 절대적 기준을 찾기 어렵다. 시대와 환경에 따라 얼마든지 그 평가가 달라질 수 있기 때문이다.

3장
연로한 교인에게
죽음을 준비케 하는 법

누구나 죽음에 대한 불안이나 공포감 등을 안고 있다. 특히 노년은 죽음에 가장 가까운 시기다. 죽음 자체에 대한 두려움, 친근한 것과의 이별, 이루지 못한 것에 대한 아쉬움, 살아온 날에 대한 후회와 반성과 상실, 개인적 혹은 교회적으로 성취하지 못한 것, 경제적 부채를 남겨 놓고 떠나야 하는 것 등에 대한 미안함과 좌절감으로 인해 남아 있는 시간이 힘들 수 있다. 심지어 믿음과 구원의 확신도 흔들릴 수 있다. 그래서 당사자만이 아니라 교회와 가족이 함께 죽음을 준비할 필요가 있다.

교회

교회는 연로한 교인들의 죽음 준비나 임종을 도울 수 있다. 기본적으로 목사는 말씀으로, 장로는 심방으로, 집사는 물질로, 권사는 섬김으로 위로하고 권면한다.

제직부서

제직부서는 목사로부터 성경적 가르침을 받아, 체계적이 실질적이고, 구체적으로 봉사할 수 있도록 각 영역에서 주도적으로 봉사에 참여한다.

가족

가족은 교회가 준비한 것들을 통해 가정에서 가장을 중심으로 배우고, 토론하고, 적용한다.

교회와 가족이 함께

교회와 가족은 연로한 교인에게 교육을 통해 죽음을 준비케 해야 한다. 교육의 대상은 자택, 병원, 요양원, 요양병원 등에서 지내지만 인지기능과 육체적인 건강상태가 비교적 양호한 어르신의 경우다. 어르신 중에는 확실한 믿음 가운데 있어 죽음의 두려움과 공포에서 비교적 자유로운 분도 있고, 그렇지 못한 분도 있다. 교회는 양쪽 모두에게 교육과 심방을 통해서 위로와 상담을 제공해야 한다.

의사소통이 불가능한 노인의 경우는 심방을 통해 어르신을 도울 뿐만 아니라 보호자에게 필요한 교육을 제공한다. 교회는 어르신과 가족을 기억하는 것과 기도하는 것을 쉬지 말아야 한다. 방문과 면회가 가능하다면 심방을 통해 혹은 일부 교인이 주일날 찾아가서 온라인을 통해 함께 예배에 참여할 수 있다.

다음과 같은 내용으로 준비케 해야 한다.

1. 함께 나눌 핵심 교리를 정리해야 한다.

내용이 너무 방대하거나 길어서는 안 된다. 설명과 해설보다는 확실하고 명쾌하게 서술된 비교적 짧은 문장이 좋다. 이미 가지고 있는 지식과 믿음을 흔들 필요는 없지만, 신앙을 점검할 수 있는 정도의 내용으로 구성된 교리를 소개해야 한다. 각 교리마다 암송할 수 있는 성경 구절과 기도문을 포함하면 좋다. 핵심 요지는 예수 그리스도를 통한 참된 위로가 되어야 한다.

2. 죽음을 받아들일 수 있도록 하는 내용이어야 한다.

위기를 만나면, 죽음을 신앙적으로 수용하기 어려울 때가 있다. 평소에 하나님과 천국에 대한 믿음이 강했더라도, 정작 위기를 만나면 흔들리기도 한다.

그러므로 죽음은 반드시 경험할 일이며, 신자로서 죽음을 두려워할 필요가 없으며, 신자에게 죽음은 오히려 복되다는 사실을 가르쳐야 한다. 육체의 고통이 끝나고 죄를 멈추고, 영생에 들어가는 길임을 깨닫게 해야 한다.

3. 여생을 어떻게 마무리 할 것인가에 관한 내용이어야 한다.

죽음 자체에 대한 준비뿐만 아니라 여생을 그리스도인답게 사는 법을 알려드리는 것이 유익하다. 부활과 영생에 대한 소망을 확신하는 분들께 그것을 더욱 굳게 붙잡고 살아가시도록 격려하는 것이 좋다.

공적인 예배 참석의 중요성과 필요성을 가장 먼저 강조해야 한다. 교회 공동체 안에서 함께 예배드림과 성찬참여와 성도의 교제가 노년의 삶을 사는 어르신의 의무이고 은혜이고 유익이기 때문이다. 어르신들의 참여 자체가 공동체 안의 자녀들과 청장년에게 살아있는 교훈과 모범이 된다.

어르신들이 기도와 성경 읽기, 묵상 등 경건 생활을 계속하실 수 있도록 실질적인 도움을 주어야 한다. 요즘 어르신들은 스마트 폰이나 컴퓨터에 비교적 익숙하거나, 조금만 교육하고 도와드리면 Zoom 등을 사용하는 것이 가능하다. 교회는 온라인을 활용해 주중에는 어르신들을 위한 프로그램(기도, 성경읽기, 묵상, 교육)을 만들어 함께 기도하고, 공부하는 시간을 가지면 실질적인 도움이 될 것이다.

직분은 은퇴가 있지만, 그리스도인에게는 은퇴가 없다. 그리스도인의 노년은 하나님 영광을 위하여 생의 마지막 한 바퀴까지 질주하는 삶이 되어야 한다. 세상은 은퇴를 개인의 인생에 중대한 분수령으로 여기면서 편히 쉬고 자신에게 몰두하며 삶을 즐길 것을 제안하지만 그리스도인의 노년은 변함없이 하나님 나라의 일꾼이어야 한다. 그들의 약해진 몸은 공동체 내에서 도움받아야 마땅하지만 노년기 이전에 보여주었던 사역의 역량도 귀히 여기고 계속 활용해야 한다. 마지막까지 공동체를 위한 봉사의 삶을 살고자 하는 어르신이 있다면 그분들에게 적합한 봉사의 자리를 교회가 만들어 주어야 한다.

4. 회고, 정리, 결정, 실행하기에 관한 내용이어야 한다.

잘 죽는 것(웰다잉)은 마지막 순간까지 잘 사는 것(웰빙)이다. 우리 사회에서 자신의 마지막을 일부러 계획하는 사람은 없다. 하지만 오늘날 그런 계획이 그 어느 때보다도 필요하다.

회고록(사진 및 자료, 글), 유언장 작성과 나의 장례계획(가족과 함께 대화하기), 사전연명의료의향서(노년에 의학을 현명하게 사용하는 방법 교육과 함께) 작성하기,[13] 하고 싶은 일, 가고 싶은 곳을 작성하는 데 도움을 주는 내

---

13 사전연명의료의향서(事前延命醫療意向書)의 법적 근거는 〈호스피스 · 완화의료 및 임종과정에 있는 환자의 연명의료결정에 관한 법률〉(약칭 '연명의료결정법', 2016년)로, 제2조 9항에 이 문서에 대한 정의가 법제화되어 있다.
　　이 문서는 19세 이상의 성인으로서, 본인의 자발적 의사에 따라, 본인이 직접 작성하여, 법에 정한 의료기관, 보건소, 보건의료원, 보건지소 및 건강생활지원센터 등 지역보건의료기관, 사전연명의료의향서에 관한 사업을 수행하는 비영리법인 또는 비영리단체 및 법에 정한 공공기관에 등록하여야 효력이 발생한다.
　　이 문서에는 연명의료중단 등의 결정, 호스피스의 이용, 작성 연월일 등이 포함되며, 등록기관은 작성자에게 사전연명의료의향서의 효력 및 효력 상실에 관한 사항 등을 충분히 고지해야 한다(동법 12조).

용으로 팸플릿을 만들어 제공하면 좋다. 혼자 작성하기 어려울 수 있으므로 오후 모임 시간, 구역 주중 모임, 연령별 모임 또는 온라인교육 등을 통해 함께 제작하고, 발표하고, 일부는 교회가 지원하여 함께 방문하는 시간을 만들 수 있다.

4장
임종을 앞두고 해야 할 일
(가족, 목사 역할)

누구나 죽음에 대한 두려움이 있다. 알 수 없는 미지의 세계, 혼자 겪는 것, 사랑하는 사람들과의 이별, 자기 통제력 상실, 통증에 대한 것이 그 실체다. 임종을 앞둔 분뿐만 아니라 임종을 지켜보는 가족을 위해 교회가 해야 할 일들이 많다.

1. 신자의 경우

가족

1) 여건이 허락한다면 가족은 매일 대면해서 위로하고 기도한다. 제네바의 종교개혁자 칼뱅은 죽음을 앞둔 아내를 위해 매일 침대 옆에서 위로하고 기도했다.

2) 가족들은 임종을 앞둔 어르신을 위해 가까운 친인척, 교회 공동체를 초청하여 함께 기도하고 위로하면 모두에게 유익하다.

3) 상주 역할을 할 가족은 교회와 상의하여 장례식과 장지를 준비한다.

4) 가족은 임종을 앞둔 분이 살던 주거지의 각종 공과금, 납부해야 할 세금과 예적금, 보험, 기타 금융자산 등 각종 재산에 대한 목록을 확인하고 작성하는 작업을 해서 사후 처리하도록 준비해야 한다.

목사

1) 구원의 확신과 천국을 소망할 것을 권면한다.

2) 임종 직전의 신자를 즉시로 찾아 기도하고 위로하고, 가족을 격려해야 한다.

3) 임종하신 분을 찾기 전에 가족들이 당황하지 말고 함께 기도하는 시간을 가지는 것이 좋다. 이를 위해 목사는 기도문을 작성해서 미리 제공한다.

4) 임종할 때를 위해 장례 준비에 대한 제반 절차를 교육하고 기독교적으로 간소하면서 품위있는 장례가 되도록 권면한다.

2. 불신자의 경우

1) 믿는 자의 가족이나 친지 중에서 임종을 앞둔 불신자가 있다면,

지혜와 노력을 합해서 복음을 들을 기회를 제공한다.

2) 목사는 평상시에 임종을 앞둔 불신자가 있다면 미리 알려달라고 말하고, 임종 직전이 아니라도 수시로 방문하여 위로하고 복음을 전하는 것이 좋다.

3) 목사는 임종을 앞두고 있다는 소식을 들으면 즉시 방문하여 그와 그곳에 참석한 불신자 가족을 위해 복음을 전하고, 기도하는 것이 좋다. 이때 좋은 곳에 가게 해 달라는 기도가 아니라 예수님을 믿고 여생을 마치도록 기도한다.

4) 임종을 앞둔 분에게 예수님을 믿으라고 강요할 필요는 없다. 하지만 예수님을 믿겠다고 고백하는 것이 얼마나 중요한지를 알려주고, 믿겠다고 하면 입으로 시인하도록 해야 한다.

5) 불신 가족이 임종하면 교회가 적극적으로 장례를 돕겠다고 가족을 위로하고, 교인들이 장례 절차가 마치기까지 계속해서 도와, 믿지 않는 이들에게 위로를 전달하고 복음을 전하는 계기로 삼는 것이 좋다.

5장
장례식 절차

장례식은 교회의 일이 아니므로 가족의 일로 거행한다. 하지만 교회가 해야 할 일이 있다. 그리스도 안에 있는 승리, 하나님의 약속에 대한 믿음, 하나님이 주신 복에 대한 감사를 표현하고, 유가족을 적극적으로 위로하고 장례식에 참석하는 불신자들에게 복음을 전하는 기회로 삼아야 한다.

1. 임종에서 하관까지

임종

임종은 천국에 들어가는 순간이다. 하지만 가족들의 마음은 매우 안타깝고 두려운 마음일 것이다. 따라서 가족의 마음을 안정시켜야 하며 임종을 앞둔 분에게 예수님만을 의지하도록 권면하고 마음에 굳은 확신과 소망을 주어야 한다. 가능하면 운명 직전까지 입으로 신앙을 고백하도록 하는 것이 좋다. 이때 적절한 찬송과 말씀을 사용하는 것이 중요하다. 예를 들어, 심한 고통 중에 있다면 찬송가 240장("주가 맡긴 모든 역사")으로 용기를 북돋아 주고, 조용히 운명하시는 분을 위해서는 찬송가 338장("내 주를 가까이 하게 함은")을 부른다. 또한 시편 23:3-6, 요한복음 11:25-26, 14:1-6, 고전 15:50-58, 고후 5:1-5, 8-9 등을 낭독하거나 간단한 말씀을 전한다. 임종자의 마지막 모습이 천국과 지옥을 결정하지 않는다. 생전 신앙의 여부와 임종 시의 신앙고백이 중요하다. 임종하면 유족들과 장례 절차를 의논한다. 목사의 지도를 원치 않을 때는 물러나는 것이 좋다.

임종 후

임종 후 시신을 다루는 절차는 장례병원과 장례관리사가 맡아서 하니 목사가 직접 하지 않아도 된다. 시신을 안치한 후에 유가족들을 위한 위로 예식을 진행한다. 위로를 주는 찬송을 부르고 합당한 성경을 낭독하고 설교를 하되 특별히 슬픔을 당한 자로 하나님의 은혜를 받게 하며 슬픔이 변하여 영원한 유익이 되게 해야 한다. 목사는 영생과 몸의 부활 교리로 소망의 말씀을 전하는 데 집중해야 한다. 위로 예식이 끝나면 빈소를 마련하고 영정을 세운 후부터 발인식까지 문상객을 받는다. 통상적으로 국화꽃을 영정 앞에 놓고 묵념하며 기도하되 고인의 무덤이나 관 앞에 촛불을 켜거나 향을 피우거나 절하지 말아야 한다.

입관식

임종 후 24시간을 기다렸다가 진행하는 것이 통례다. 입관 시 관 안에 성경과 찬송가를 넣거나 불에 태우는 일은 옳지 않고 잘 보관하여 고인을 추념(追念)함이 정당하다. 입관이 끝나면 상주는 상복을 입고 목사와 장례 절차를 의논하여 공지한다. 상복은 굴건제복[14] 대신 상주를 표하는 간편한 복장을 입는다.

발인식

고인의 시신이 장례식장을 떠나 매장지나 화장터로 향하기 전에 가지는 의식이다. 예배 전에 집례자는 장례식장에서 영구차에까지 운구할 사람과 장지에서 관을 운구할 사람을 확인해 두어야 한다. 준비가 끝나면 발인식을 하되 복음의 말씀을 통해 유족을 위로하고 격려해야 한다. 고인의 생애를 소개하는 간단한 조사를 첨부할 수도 있다. 집례자는 광고를 통하여 문상객들에 대한 감사를 표하고 남은 장례 일정을 공지한다. 예식이 끝나면 문상객들을 좌우로 배치하고, 집례자는 영정을 든 유족의 옆에 서고, 그 뒤를 관이 따르도록 하고(머리 쪽이 앞이 되도

---

14 유교식에서 상 중에 있는 상주가 입는 것을 말하는데, 구체적으로 굴건이란 상주의 머리에 덧쓰는 머리쓰개를, 제복이란 제향 때 입는 상복을 가리킨다.

록), 그 뒤를 상주, 이어서 문상객 순으로 따르게 한다. 장지에 갈 사람들이 차 안에 오르도록 하고 장지까지 가지 못하는 문상객들은 유족들과 인사를 나눈다. 장례차량을 떠나보내는 것으로 발인식의 모든 절차가 마무리된다.

하관식

장례차량이 장지에 도착하면 발인식 때의 행렬 순서로 묘지까지 운구한다. 묘에 하관을 한 후에 복토를 하기 전에 하관 예식을 한다. 이때 미신의 행위가 들어오지 않도록 삼가야 한다. 성도들은 부활의 찬송을 부르며, 부활과 영생의 교리를 설교하고, 주 안에서 다시 만날 소망으로 위로한다. 하관식이 끝나면 복토(覆土)를 한다. 복토는 집례자와 유족이 먼저 하고, 다른 사람들이 뒤따른다. 복토가 끝나면 해산한다.

시신을 화장할 경우에도 같은 원리를 따라서 의식을 거행한다.

추도식

고인이 돌아가신 날짜에 맞추어 추도식을 하는 경우가 있다. 이때 가족들이 모여서 돌아가신 분을 추억하면서 믿음의 길을 경주하려는 마음을 갖도록 해야 한다. 이때 점검해 보아야 할 것들이 있다.

1) 추도식이 돌아가신 분을 섬기는 것이 되지 않도록 주의해야 한

다.

2) 추도식에서 고인을 위해 음식을 차려서는 안 된다. 그것은 제사와 다르지 않다.

3) 추도식 후에 가족이 함께 식사의 교제를 나누는 것은 가능하다.

4) 성도는 산 자와 죽은 자를 심판하러 오실 그리스도께 자신을 맡겨야 한다.

6장
장례식에서 유의할 점

1. 일반적으로 유의할 점

1) 장례식은 공적 예배가 아니다

결혼식과 달리 성도의 장례식은 하나님과 교회 앞에서 서약하는 순서가 별도로 필요하지 않기 때문에 공식적으로 교회적인 일이 될 수 없으며 당회의 허락이 별도로 필요 없다. 성도의 장례를 교회 앞에 공지하기는 하지만 장례는 원칙적으로 당회의 공식적인 직무에 포함되지 않으며 직분자가 공식적으로 장례식을 주관할 의무는 없다. 장례식에서 목사가 전하는 것은 주일 공예배의 설교와 같은 것이라기보다는 유족과 조문하는 성도를 위한 일종의 위로와 권면이나 교훈이다.

역사적으로 종교개혁 이후 기독 교회에서 장례를 교회의 공식적인 예배나 모임으로 여기지 않은 이유는 종교개혁 이전 로마 가톨릭교회의 미신적인 행습을 염두에 두었기 때문이다. 천주교는 장례식을 교회의 공식적인 예배로 보았다. 시신을 예배당 안으로 가져오고 사제는 시신 앞에서 영혼 안식을 위하는 기도와 설교를 했다. 그리고 소위 거룩한 물과 함께 '축성된 땅'에 매장하였다. 종교개혁가들은 이와 같은 미신적인 행습에서 두 가지 위험을 보았다. 첫째, 사람들이 로마 천주교나 이교의 행습을 따라서 죽은 자를 위한 기도를 선호하고 있고 둘째, 장례식 설교에서 하나님의 영광이 아니라 죽은 자를 칭송하면서 사람의 영광이 나타날 위험성과 이로 말미암아 죽음에 관한 교훈이 산 자들에게 선포되지 못하고 있다는 점이다.

장례식은 예배 형식을 취하면 안 될까? 찬송과 기도, 설교가 없는 장례를 치러야 할까? 아니다. 얼마든지 예배 형식을 취할 수 있다. 교회가 유족들과 협의해서 장례식을 주관하고, 찬송과 기도는 물론 사도신경과 주기도문을 고백하기도 하고 또 주일 공예배의 설교와 같은 것은 아니지만 성경이 봉독되고 일종의 위로와 권면의 말을 줄 수 있다. 그럼에도 불구하고 신자의 장례식은 교회적인 일로 보지 않으며 주일 공예배와 구분해야 한다. 그리고 장례식에서 드리는 기도는 직분자, 예를 들어 당회의 지도 아래에서 장로가 의무적으로 행하는 공적인 기도라 할 수 없다. 기도의 내용도 고인을 위한 말보다는 생전에 고인과 함께 하신 주님의 은혜에 대한 감사와 유족을 위한 위로의 기도를 드려야 한다. 이때 목사의 설교는 넓은 의미에서 설교라고 부를 수 있다고 할지라도 주일 공예배 시의 설교와는 다른 권면과 위로의 교훈에 더 가까운 것이라고 할 수 있다.

감사하게도 한국교회는 장례식을 교회가 주도하여 진행하는 전통을 가지고 있다. 어떤 의미에서 이는 좋은 전통이라 할 수 있다. 우리 문화는 경조사에서 가족은 물론 공동체가 함께 하는 관습을 가지고 있다. 이러한 문화에서 교회가 신자의 장례식을 도외시한다면 유족들은 물론 사회에서도 지탄받는 일이 될 것이다. 신자의 장례식에는 할 수만 있다면 많은 교인이 참여해서 위로하고 봉사할 수 있도록 격려해야 한다.

2) 모든 것을 유족 중심으로 생각하고 진행하라

장례를 집례하는 목사의 설교, 기도하는 분의 기도, 찬송, 조문 등 모두 유족과 의논해서 해야 한다. 유족의 유익을 위해 결정하고 생각하고 준비하고 진행해야 한다. 유족이 동의하지 않는 순서를 임의로 해서는 안 된다. 조문 인사도 나와 우리 중심이 아니라 유족 입장에서 충분히 생각해야 한다. 한 사람이 조문 시간을 너무 길게 잡는 것이나 불필요하게 조문의 말을 길게 하는 것도 바람직하지 않다.

3) 성도의 장례식에 붙이는 명칭에 주의하자

'영결식'이라는 명칭을 사용하는 것은 좋지 않다. 영결식은 영원한 이별이라는 뜻을 내포하고 있기 때문이다. 성도의 이별은 영원한 이별이 아니라 잠시 잠깐의 이별이다.

요즘 '천국환송(입성)예배'라는 표현을 종종 사용하기도 한다. 장례식은 죽은 이를 위한 것이 아니라 사실은 유족을 위로하기 위한 것이다. 천국환송이라는 표현을 지나치게 강조하므로 유족의 슬픔을 헤아리지 못할 수도 있다. 유족에게는 육신으로 헤어지는 시간이요 조문객에게는 애도와 추도의 시간이다.

2. 유족이 유의할 점

1) 성도의 장례를 사회의 관습대로 3일장을 하지만 장례일이 주일이 되지 않게 2일장 혹은 4일장으로 조정할 수 있다. 흔히 유교적 관습을 따라 입관, 발인, 하관(화장) 때에 성도들이 모여 유족들을 위로하는 시간을 가지는 것이 통상적이다. 하지만 상황에 따라 이를 변경해서 시행할 수 있다.

2) 입관 시에 고인의 부장품을 넣지 않는 것이 좋다. 오히려 고인이 사용했던 성경과 찬송가 등 유품은 잘 보관하여 고인을 추모함이 좋다. 화장의 경우 화장을 한 후 분골은 납골당이나 기타 적당한 장소에 안치하면 된다. 이때 가족 중심으로 진행하는 것이 좋다.

3) 상복은 굴건제복 대신 상주를 표하는 간편한 복장을 한다.

4) 고인의 빈소나 무덤, 관 앞에서 촛불을 켜고 향을 피우거나 절하지 않는다.

5) 기독교 장례식에 세상의 관습이나 미신이 들어오지 않도록 주의해야 한다. 교회는 장례식이 진행되는 동안 예배당 종을 치는 관습과 싸웠다. 종이 울리면 악령이 쫓겨난다는 미신 때문이다. 우리는 고인의 무덤이나 관 앞에서 촛불을 켜고 향을 피우고 절하는 것을 경계해야 한다.

3. 집례하는 목사가 유의할 점

장례마다 상황과 배경이 다양하다. 목사는 장례를 통해 하나님의 영광을 위하고 성도와 교회의 유익을 위해 장례의 방법과 내용에 신중해야 한다.

1) 장례식의 최종 목표는 사람이 아니라 하나님을 영화롭게 하는 것이다. 따라서 고인을 지나치게 높이고 칭송하는 것은 삼가야 한다. 설교와 권면을 통해 복음이 전파되는 것에 집중해야 한다.

2) 목사는 신앙 없이 생활하다가 별세한 자에 대한 소망을 언급하지 않아야 한다. 반대로 목사의 주관적인 판단으로 고인이 회개하지 않고 죽었다거나 구원의 소망이 없이 죽었다고 성경을 인용해서 말하거나 혹은 이를 암시하는 것조차 삼가야 한다. 고인의 죽음에 대해 자의적인 해석을 하고 설교에서 이를 말하는 것도 조심해야 한다. 특히 자살한 고인에 관해 이렇다 저렇다 판단하는 것도 금물이다. 오직 하나님이 재판장이심을 기억하라.

3) 자살한 고인(성도든지 성도의 가족이든지)의 장례식을 집례하거나 참여하는 것을 꺼리는 마음이 생길 수 있다. 목사의 참석이 자살을 정당화할 빌미를 제공할 것이라는 생각 때문이다.

하지만 장례식은 고인을 위해서 무언가를 하는 것이 아니라 유족을 위로하고 복음을 선포하기 위함이다. 목사는 이를 기억하고 때를 얻든지 못 얻든지 생명의 복음을 전파해야 한다.

4) 목사는 합당한 말로 유족을 위로하는 것은 물론 그 성도의 신력(세례 등)이나 가정과 교회와 사회의 약력을 소개함으로 추모하는 시간을 가지면 좋다. 고인을 잘 아는 이는 목사이기에 더욱 의미가 있는 일이다. 그러나 소개할 때 고인을 칭송해서는 안 되고 오히려 은혜 베푸신 하나님의 이름을 증거한다.

5) 목사는 설교를 위한 설교가 아니라 유족에게 실제 유익이 되도록 고인과 유족의 상황을 잘 파악해서 설교를 준비해야 한다. 유족이 처한 구체적인 상황과 전혀 무관한 설교가 되어서는 안 된다. 장례식 설교 길이는 짧게, 그러나 유족의 마음에 닿도록 준비한다. 유족이 많아서 여러 교회에서 조문을 오는 경우가 있다. 이때 유족이 예식과 설교의 중복을 피하기 원할 경우, 유족의 피로도를 고려하여 요청에 따르는 것이 지혜롭다.

4. 기도 인도자가 유의할 점

1) 죽은 자의 영혼을 위해 드리는 기도는 성경적이지 않다.

로마 가톨릭교회는 연옥 교리로 인해 죽은 자를 위해 기도드렸으나, 개신교회는 그렇게 믿지 않는다. 죽은 자는 이미 하나님의 심판을 받았으므로 그를 위해 우리가 기도할 수 없다. 산 자는 죽은 자의 영혼을 위해서 그 어떤 것도 할 수 없다.

2) 기도가 권면(연설)이나 설교가 되어서는 안 된다.

짧게 하되, 주님이 고인과 함께하여 인도하시고 은혜 베푸신 것에 감사하며 주님을 높인다. 유족을 위로하고 장례식이 은혜중에 진행되도록 기도한다.

3) 어린이나 젊은이의 장례의 경우 감사기도는 삼가는 것이 좋다.

이런 비상한 장례의 경우에는 주님이 왜 우리를 이렇게 눈물의 골짜기를 다니게 하시는지 탄원하고, 주님이 성령의 은혜로 유족의 눈물을 씻겨주시고, 유족을 강건하게 해주시며, 위로해 주실 것을 기도하는 것이 합당하다.

5. 장례에 참여하는 교인이 유의할 점

1) 성경이 가르치는 대로 잔칫집보다는 장례식에 참여하는 것이 낫다는 것을 명심하자(전 7:2-4). 장례식에서 "모든 사람의 끝이 이와 같이 됨이라"는 전도서의 말씀을 기억하고 자신의 죽음을 기억하고 준비해야 한다.

2) 장례식에 자주 가다 보면 정보가 부족하거나 너무 바빠서 의도하지 않게 고인에 관해 잘 모르고(연령, 이름, 성별, 가족 관계, 죽음의 경위 등) 참석할 때가 있다. 늦었지만 장례식장에 설치한 안내 모니터를 참고해서 반드시 고인에 관한 정보를 간략하게라도 알고 조문하는 것이 좋다. 만약 잘 모르고 조문한다면 큰 실수를 할 수 있다.

3) 장례에서 고인의 생애나 죽음을 둘러싸고 마치 재판장인 것처럼 판단해서는 안 된다. 유족을 간단한 말로 진심으로 위로하는 것에 집중해야 한다. 장례식에서는 말을 아껴야 한다. 조문 시간을 길게 잡지 않도록 해야 한다.

4) 조의금을 반드시 해야만 조문하는 것은 아니다. 장례식에 참여하는 것 자체가 조문임을 기억하자. 조의금을 한다면 본인의 형편에 맞게 하는 것이 좋다.

7장
애도와 위로 방법

1. 유족 중심

장례식은 유족을 위한 애도와 위로가 핵심이다. 성도에게는 죽음이 복된 일이라 할지라도, 장례식은 유족에게 애도하는 시간임을 잊어서는 안 된다. 고인이 이 땅에서 장수하여 치르는 호상(好喪)이라 할지라도 장례는 장례다. 장례식장에서 웃거나 소란스럽게 떠들거나 크게 이야기하는 것도 삼가야 한다.

2. 많은 말이 필요하지 않음

장례식에서 많은 말을 건넴으로 슬픔을 당한 유족에게 위로를 주겠다고 생각하지 말자. 고인을 잃은 유족은 기본적으로 조문객이 건네는 많은 말로 위로받지 못한다. 더구나 조문객 방문으로 인해 유족들은 지쳐있으니 많은 말을 삼가야 한다. 주께서 유족을 위로해 주실 것을 기도하는 마음으로 조문하는 것이 좋다.

3. 지나치게 캐묻지 말기

장례식에서 죽음의 경위에 대해 지나치게 캐묻는 것은 삼간다. 고인의 지난 삶이나 죽음에 관해 판단하는 자세를 가지지 말고 유족을 위로한다. 고인이 갑자기 사고로 사망하였든 혹은 심지어 고인이 자살했다고 할지라도 고인의 죽음을 판단하지 말자. 자살했으니 지옥에 갔다고 섣불리 말해서도 안 되지만 거꾸로 성도는 자살해도 천국 갈 수 있다는 말도 쉽게 해서는 안 된다. 그냥 유족의 심정으로 함께 슬퍼하고 울며 애통해하는 것이 옳다. 안타까운 죽음을 맞은 장례식, 예를 들면 자녀의 장례식 등에서는 더욱 말을 아껴야 한다.

4. 삼가야 할 표현

'저 세상에서도 복을 누리라'는 뜻을 가진 '명복을 빈다'는 인사는 삼간다. 성도의 가정에는 '하나님의 위로가 함께 하시기를 바랍니다' 등의 인사가 적당하고, 불신자의 가정에는 '얼마나 상심이 되십니까' 등으로 인사하는 것이 좋다.

5. 장례식장에서 예절

첫째, 기본적으로 복장은 단정한 검은색 정장을 입는 것이 좋지만 여의치 않다면 최대한 어두운색의 옷을 입는다.

둘째, 액세서리는 하지 않는 것이 좋고 화려하고 장식이 많은 옷 등을 삼간다.

셋째, 특히 맨발은 예절에 어긋나므로 어두운 계열의 양말을 신으며, 외투나 모자 등은 미리 손에 들고 입장한다.

넷째, 장례식장에 도착하면 조문록에 이름을 쓰고 조의금을 전달한다. 이어서 준비된 국화꽃을 들고 헌화하고 잠시 고개를 숙여 고인을 추모한 후 상주와 맞절을 하고 인사말을 한다.

부록1
죽음 준비 공부

1과 죽음이란 무엇인가?

{ 마음 열기 }

당신은 죽음에 대해 생각해 본 적이 있습니까? 언제 그랬습니까? 사람은 죽음을 언급하기를 싫어합니다. 죽음은 자기 문제가 아니라고 애써 외면합니다. 사람은 태어나면서부터 죽음을 향해 달리고 있습니다. 우리는 죽음을 피할 수 없습니다. 죽음을 생각하는 것이 유익합니다. '아침에는 죽음을 생각하는 것이 좋다'는 책 제목도 있습니다. 사람이 왜 죽는지, 왜 죽음이 오게 되었는지 성경을 통해 확인해 봅시다.

{ 말씀 속으로 }

1. 죽음은 단순한 자연현상이 아니라 죄의 결과입니다. 아래의 성경구
   절을 통해 확인해 봅시다.

   창세기 3:19 _____

   로마서 6:23 _____

2. 사람은 하나님에게 반역하는 죄를 지었으며, 이 죄로 인해 하나님의
   심판을 받을 수밖에 없다는 것을 아래 성경구절을 통해 확인해 봅시
   다.

   창세기 2:17 _____

   히브리서 9:27 _____

3. 죄를 지은 사람은 죽음 후 영원히 꺼지지 않는 지옥불에 던져진다는
   것을 성경을 통해 확인해 봅시다.

마태복음 3:12 _____

마태복음 18:8-9 _____

{ 묵상과 적용 }

죽음은 죄의 결과라는 말씀을 살폈습니다. 죽음이 죄의 결과라면 우리
는 어떻게 죽음을 맞이해야 할지 적용해 봅시다. 그 전에 우리는 예수
님이 우리 죄로 인해 우리가 받아야 할 모든 형벌과 저주를 다 받으셨
다는 것을 알아야 합니다. 우리는 오직 예수 그리스도를 통해서 죄를
용서받을 수 있다는 사실을 알고 믿게 해 달라고 구해야겠습니다.

2과 그리스도인에게 죽음이란?

{ 마음 열기 }

기독교인도 불신자와 죽음이 크게 다르지 않습니다. 기독교인도 죽음을 피할 수 없습니다. 사람의 죽음이 죄의 결과라면 기독교인의 죽음도 죄의 결과로 죽는 것입니까? 기독교인의 죽음도 자기 죗값을 치르는 것입니까? 기독교인은 자신의 죽음을 어떻게 받아들여야 하는지 성경말씀을 통해 확인해 봅시다.

{ 말씀 속으로 }

1. 성경에서는 기독교인의 죽음을 '잠자는 것'으로 표현하는 경우가 많습니다. 왜 죽음을 잠자는 것으로 표현할까요?

마가복음 5:39 _____

요한복음 11:11 _____

2. 기독교인의 죽음은 죄를 그치고 영생에 들어가는 것임을 교리문답
   과 성경을 통해 확인합시다.

요한복음 5:24 _____

하이델베르크 교리문답(42문)

문: 그리스도께서 우리를 위해서 죽으셨는데 우리도 왜 여전히 죽어야 합니까?

답: 우리의 죽음은 자기 죗값을 치르는 것이 아니며, 단지 죄짓는 것을 그치고,

영생에 들어가는 것입니다.

3. 불신자에게 죽음은 두려운 것이지만, 그리스도인의 죽음은 복되다
   는 것을 말씀을 통해 확인해 봅시다.

요한계시록 14:13 _____

요한계시록 21:4 _____

부록 1. 죽음 준비 공부

{ 묵상과 적용 }

그리스도께서 우리의 죗값을 다 치르셨기 때문에 이것을 믿는 기독교인의 죽음은 죗값을 치르는 것이 아니라 영생에 이르는 것임을 확인했습니다. 기독교인은 죽음을 피하는 것이 아니라 소망 가운데 맞이할 수 있으니 얼마나 복된 것인지, 그래서 삶과 죽음이 그렇게 다르지 않다는 것을 묵상하고 이것을 죽음준비에 적용해야 합니다. 언제 닥칠지 알지 못하는 죽음을 두려워하지 말고 담대하게 맞이할 수 있기를 구해야 합니다.

3과 몸의 부활을 믿습니까?

{ 마음 열기 }

장례식에서 조문객은 유족을 향해 어떻게 인사합니까? 고인이 좋은 곳에 갔을 것이라고 말합니다. 기독교인도 고인을 향해 천국에 가셨으니 다시 볼 날이 있을 것이라고 말합니다. 이런 말은 그냥 해보는 말은 아닐까요? 모든 종교는 내세를 믿는다고 하니까요. 죽는 순간 몸과 영혼은 어떻게 되는 것일까요? 정말로 몸의 부활이 있는 것일까요? 성경을 통해 확인해 봅시다.

{ 말씀 속으로 }

1. 사람이 죽으면 영과 육이 분리되어 육체는 썩어서 흙으로 돌아가고, 구원받은 영혼은 하나님 앞에 있게 된다는 것을 성경과 교리문답을 통해 확인해 보세요.

빌립보서 1:23 _____

웨스트민스터 소교리문답 37문

문: 신자는 죽을 때 그리스도로부터 어떤 은덕을 받습니까?

답: 신자의 영혼은 그들이 죽을 때 완전히 거룩하게 되어 즉시 영광중에 들어가고,
육신은 여전히 그리스도께 연합하여 부활 때까지 무덤에서 쉽니다.

2. 성도가 죽은 후에는 이미 안식에 들어가 있다는 것을 말하는 성경구
   절을 확인해 봅시다.

시편 17:15 _____

히브리서 12:23 _____

3. 예수 그리스도께서 재림하시는 날 신자의 몸이 어떤 상태로 부활할
   지를 확인해 봅시다.

① 썩지 아니할 몸이다(고전 15:42, 53).

② 영광스러운 몸이다(고전 15:43; 빌 3:21; 골 3:4).

③ 강한 몸이다(고전 15:43).

④ 신령한 몸이다(고전 15:44).

⑤ 장가가고 시집가는 일이 없다(눅 20:35).

{ 묵상과 적용 }

기독교인은 죽는 즉시로 그리스도와 함께 있습니다. 영광상태가 됩니다. 죽으면 우리 몸은 썩기 시작하고, 화장의 경우 즉시 재로 돌아갑니다. 그러나 그리스도께서 이 땅에 다시 오실 때 나누어졌던 영혼과 육체가 하나로 결합하여 영광스러운 몸의 상태가 됩니다. 우리는 부활을 믿기에 죽음을 두려워하지 않아야 하겠습니다. 장애나 질병을 가진 몸, 약하고 쇠하는 몸을 가지고 있다면 부활을 묵상하면서 삶에 적용해 봅시다.

4과 심판과 완성

{ 마음 열기 }

마지막 날에 있을 일에 관해 알고 계십니까? 사람은 죽어서 없어져 버린다고, 결국 소멸된다고 생각하지는 않습니까? 동양에서는 사람이 죽은 후 옥황상제 앞에 서서 자신의 삶 전체를 평가받고 어떤 지옥에 떨어질지가 결정된다고 생각합니다. 사후의 세계를 믿는 것이지요. 마지막 날에 관해 성경은 무엇이라고 말씀하는지 확인해 봅시다.

{ 말씀 속으로 }

1. 예수 그리스도께서 이 땅에 다시 오신다는 것을 확인해 봅시다.

사도행전 1:11 _____

2. 그리스도께서 재림하실 때 세상 모든 사람이 부활하여 심판받게 되는데, 그 심판의 근거가 무엇인지 확인해 봅시다.

요한계시록 20:12 _____

웨스트민스터 신앙고백서 33장 3절

"그리스도께서는 만민을 죄에서 떠나게 하실 뿐만 아니라 역경에 처한 신자들을 더 크게 위로하실 목적으로 심판 날이 있다는 사실을 우리에게 확실하게 납득하게 하셨듯이, 또한 그날을 만인에게 감추어 두시어 주께서 오실 시점을 알지 못하기 때문에, 그들이 모든 육신적 안심을 떨쳐버리고 항상 깨어서 "아멘 주 예수님 오시옵소서. 속히 오시옵소서"를 외칠 준비를 항상 하게 하신다."

3. 천국과 지옥이 정말로 있는 것일까요? 정말로 영원히 천국과 지옥에서 살게 되는 것일까요? 말씀을 통해 확인해 봅시다.

요한계시록 22:15 _____

부록 1. 죽음 준비 공부

4. 우리의 구원이 완성된 모습을 상상해 보고, 성경을 통해 확인해 봅시다.

요한계시록 21:4 _____

{ 묵상과 적용 }

교회 역사를 보면 항상 그리스도께서 재림하실 날을 점치는 이들이 있었습니다. 우리는 그날을 알 수 없습니다. 우리는 마지막 날에 있을 일을 상세하게 알 수 없습니다. 그러나 마지막 날이 있다는 것은 확실합니다. 우리는 그리스도 안에서 우리의 최종구원과 완성이 확실하다는 것을 묵상하고 인내하며 살아야 합니다. 심판과 완성을 믿는 것을 삶에 적용해 봅시다.

5과 죽음 준비하기

{ 마음 열기 }

가족과 함께 죽음에 관해 이야기 나누어 본 적이 있습니까? 한 번도 나누어 본 적이 없습니까? 그럴 필요가 없다고 생각하십니까? 자녀는 몰래 부모의 죽음에 대해 이야기하고 있지 않을까요? 죽음은 현실이기 때문에 함께 나누는 것이 좋습니다. 우리는 기독교인입니다. 우리는 어떻게 죽음에 대해 나누고 준비해야 할까요?

{ 말씀 속으로 }

1. 부활과 심판을 믿는 그리스도인은 한 번뿐인 인생을 어떻게 살아야 하는지 확인해 봅시다.

에베소서 5:16 _____

고린도전서 15:58 _____

2. 오늘 당장 죽게 된다면 어떨 것 같습니까? 후회는 없습니까? 믿는 우리는 하나님께 담대히 나아갈 수 있다는 것을 말씀을 통해 확인해 봅시다.

에베소서 3:12 _____

히브리서 10:19-20 _____

3. 장례식장에서 죽음만을 가지고 지나치게 슬퍼하는 것이 바람직하지 못하다는 것, 그래서 서로 위로해야 한다는 것을 성경을 통해 확인합시다.

데살로니가전서 4:13 _____

로마서 12:15 _____

{ 묵상과 적용 }

기독교인은 영생할 생명을 얻었지만, 죽어도 부활하게 될 것이지만 죽음을 준비해야 합니다. 남은 삶을 어떻게 보내야 할지 묵상하고 구체적인 준비를 해야 하겠습니다. 연로하신 분은 자녀에게 필요한 것을 잘 알려야 하겠고, 유언장도 준비해야 합니다. 그런 의미에서 유언장을 작성해 봅시다.

유언장 작성하기

_____

_____

_____

_____

_____

_____

_____

_____

_____

_____

부록 2
유언(서) 및
장례의향서 작성법

QR코드를 활용하시면,
양식을 다운로드 하실 수 있습니다.

사전 장례 의향서

나 _____는 사망진단이 내려진 후 장례의식과 절차가 다음의 형식대로 진행되기를 원하여 미리 사전 장례 의향서를 남깁니다.

* 장례의식과 절차를 아래의 내용에서 선택하거나 기록한 대로 해 주기 바랍니다.

1. 기본원칙

모든 예식은 기독교식으로 진행해 주시기를 바랍니다.

모든 예식을 통해 하나님이 영광 받기를 원합니다.

부활의 소망을 함께 나눌 수 있기를 바랍니다.

2. 장례 절차

(1) 부고

* 나의 죽음을 (모두에게 / 가족에게만 / 장례를 치르고 난 다음에) 알려주시기

바랍니다.

(2) 장례식

* 나의 장례는 (모두와 / 교회식구와 가족들과 / 가족들과만) 치르기 바랍니다.

(3) 장례집례

나의 장례는 (   )교회 혹은 (   )목사님이 집례하시도

록 해 주시기 바랍니다.

(4) 장례식장 준비

영정사진은 _____ 로

분향단 장식은 _____ 로

찬양은 _____ 로 해 주시기 바랍니다.

(5) 부의금 및 조화

① 관례에 따라 해 주시기 바랍니다.

② 일부 간소하게 받기를 원합니다.

③ 일절 받지 않기를 원합니다.

④ 유족의 의사에 따라 해 주시기 바랍니다.

3. 장례 준비

(1) 관

(소박한 관으로 / 사회적인 위상에 맞게) 선택해 주기 바랍니다.

(2) 시신 처리

(화장, 매장 / 의학적 용도로 기증) 해 주기 바랍니다.

* 화장의 경우 유골은 (봉안장 / 자연장 / 해양장 / 기타. ..)으로 안치해 주기

　바랍니다.

* 매장의 경우 유골은 (공원묘지 / 선산 / 기타)에 매장해 주기 바랍니다.

(3) 장례식 후 기부 관련

• 간소한 장례식을 치르고 (   )를 (   )에 기부해 주시기 바랍니다.

4. 묘비명

묘비명에는

_____ 라고

남겨주시기 바랍니다.

이상과 같은 절차와 방식을 따라주시기 바랍니다.

년   월   일

작성자 이름   서명

부록 3

장례식 모범
(위로식, 입관식, 발인식, 화장식, 하관식 등)

QR코드를 활용하시면,
양식을 다운로드 하실 수 있습니다.

1. 위로예식

(교회는 가능하면 장례가 시작된 날 저녁에 성도들과 함께 유가족을 위로하는 예식을 진행하는 것이 좋다.)

개식사·· 집례자
(조문객이 모였을 때 목사는 다음의 성경구절을 인용해서 예식을 시작할 수 있다.)

"아버지가 자식을 긍휼히 여김 같이 여호와께서는 자기를 경외하는 자를 긍휼히 여기시나니 이는 그가 우리의 체질을 아시며 우리가 단지 먼지뿐임을 기억하심이로다."(시편 103:13-14)

신앙고백(사도신경)·· 다같이

찬 송 ·· 다같이
(적절한 찬송에는 '305장–나 같은 죄인 살리신' 등이 있다.)
기 도 ·· 집례자 혹은 교회장로
(목사 혹은 장로는 다음의 기도나 혹은 유사한 기도로 기도할 수 있다.)

"전능하시고 은혜로우신 하나님, 하늘에 계신 우리 아버지여. 주님은 우리의 피난
처시요, 우리의 힘이십니다. 환난 중에 있을 때 우리의 도움이십니다. 우리를 도와
주셔서 우리가 온전히 주님을 의지할 수 있도록 인도해 주옵소서. 이 시간에 우리
가 주님의 독생자, 아버지가 사랑하시는 아들, 우리 구주, 우리 죄를 위해 죽으셨다
가 다시 사신 주 예수 그리스도의 이름으로 아버지께 나아갑니다. 우리의 연약함을
동정하시는 우리의 대제사장 예수님을 의지해서 담대하게 은혜의 보좌 앞에 나아
와서 이 슬픔의 시간에 우리가 주님의 자비와 긍휼을 얻기를 원합니다.
주님, 우리가 주님의 용서하시는 자비를 굳게 확신하게 하옵소서. 영생의 확신을
가지도록 하옵소서. 우리 죄를 위해 십자가에 죽으시고 죽은 자들 가운데서 다시
살아나사 아버지의 오른편에 앉으신 주 예수 그리스도의 이름으로 기도드립니다.
아멘."

성경봉독(시편에서) ··· 집례자
(목사는 다음의 시편 구절을 읽을 수 있다.)

"여호와는 나의 목자시니 내게 부족함이 없으리로다. 그가 나를 푸른 풀밭에 누이
시며 쉴 만한 물가로 인도하시는도다. 내 영혼을 소생시키시고 자기 이름을 위하여
의의 길로 인도하시는도다. 내가 사망의 음침한 골짜기로 다닐지라도 해를 두려워
하지 않을 것은 주께서 나와 함께 하심이라. 주의 지팡이와 막대기가 나를 안위하
시나이다. 주께서 내 원수의 목전에서 내게 상을 차려 주시고 기름을 내머리에 부
으셨으니 내 잔이 넘치나이다. 내 평생에 선하심과 인자하심이 반드시 나를 따르리

니 내가 여호와의 집에 영원히 살리로다."(시편 23:1-5)

설 교 ·· 집례자
(가능하면 간단하게, 특별히 듣는 이들이 하나님의 은혜를 향할 수 있도록 설
교를 해야 한다.)

회 고 ·· 맡은이
(유족 중에서 고인의 생애, 특히 고인의 신앙생활의 발자취를 회고하며 주님
께 감사하는 시간을 갖는다.)

찬 송 ·· 다같이
        (적절한 찬송에는 '494장-만세 반석 열리니' 등이 있다.)

마침기도··· 집례자

인사와 광고 ·································· 유족대표 혹은 교회대표

2. 입관식

(병원직원이나 장례사가 인도하여 안치실에 갔을 때의 예식이다. 참석자로
하여금 적절한 자리에 위치하게 한 다음 예식을 진행한다.)

개식사··· 집례자
        (목사는 다음의 성경구절을 인용해서 예식을 시작할 수 있다.)

"아버지가 자식을 긍휼히 여김 같이 여호와께서는 자기를 경외하는 자를 긍휼히 여기시나니 이는 그가 우리의 체질을 아시며 우리가 단지 먼지뿐임을 기억하심이로다."(시편 103:13-14)

"이제 우리는 고 OOO 성도(집사, 권사, 장로, 목사)의 입관식을 하려고 합니다. 우리가 마지막으로 고인의 얼굴을 대하는 시간입니다. 하나님께서 그 몸을 받으셨다는 것을 생각하면서 경건한 마음으로 하나님께서 기도하겠습니다."

찬 송 ·· 다같이
(이 찬송은 생략할 수도 있다. 찬송하기를 원한다면 '481장-때 저물어서 날이 어두우니', '484장-내 맘의 주여 소망되소서' 등이 있다.)

기 도 ·· 집례자
            (목사는 다음의 기도나 혹은 유사한 기도로 기도할 수 있다.)

"영원하신 하나님 아버지, 저희 인생은 한낱 풀에 불과하고, 인생의 영화는 한낱 꽃에 불과합니다. 이렇게 시들고 말라버릴 인생인 것을 잘 알고 있지만 유족은 큰 슬픔에 사로잡혀 있습니다. 이 시간 슬픔에 사로잡혀 있는 유족들을 위로하시고, 관 속에 뉘어 있는 고인을 하나님께서 이미 받으셨다는 것을 알고 위로해 주시기를 바랍니다. 주 안에서 죽은 이들은 잠자는 것이라고 하셨사오니 우리가 다시 깨어나 함께 만날 날을 기약하게 하옵소서. 우리 죄를 위해 십자가에 죽으시고 죽은 자들 가운데서 다시 살아나사 아버지의 오른편에 앉으신 주 예수 그리스도의 이름으로 기도드립니다. 아멘."

성경봉독(시편에서) ·· 집례자
            (목사는 다음의 시편을 읽을 수 있다.)

부록 3. 장례식 모범 (위로식, 입관식, 발인식, 화장식, 하관식 등)

"여호와는 나의 빛이요 나의 구원이시니 내가 누구를 두려워하리요. 여호와는 내 생명의 능력이시니 내가 누구를 무서워하리요. 악인들이 내 살을 먹으려고 내 게로 왔으나 나의 대적들, 나의 원수들인 그들은 실족하여 넘어졌도다. 군대가 나를 대적하여 진 칠지라도 내 마음이 두렵지 아니하며 전쟁이 일어나 나를 치려 할지라도 나는 여전히 태연하리로다. 내가 여호와께 바라는 한 가지 일 그것을 구하리니 곧 내가 내 평생에 여호와의 집에 살면서 여호와의 아름다움을 바라보며 그의 성전에서 사모하는 그것이라. 여호와께서 환난 날에 나를 그의 초막 속에 비밀히 지키시고 그의 장막 은밀한 곳에 나를 숨기시며 높은 바위 위에 두시리로다."(시편 27:1-5)

권 면 ··· 집례자
(고인의 시신 앞에 있기에 유가족의 슬픔을 위로하며 하늘소망을 굳게 붙잡기를 간단하게 권면한다.)

찬 송 ··· 다같이
(적절한 찬송에는 '493장-하늘가는 밝은 길이', '487장-어두움 후에 빛이 오며' 등이 있다. 유족이 시신을 대할 때 교인들이 이 찬송을 조용히 함께 부르는 것도 좋다.)

시신 대하기 ··································· 유가족과 추모객
(고인의 얼굴을 마지막으로 대하는 의식으로, 목사는 유가족이 적절한 예절을 갖추어 시신을 대하도록 해 주어야 한다. 시신을 만지는 것을 금기시할 필요는 없다.)

입 관 ··· 유가족

(유족이 고인의 얼굴을 마지막으로 보고 난 후 상주나 장례직원이 관 뚜껑을 덮는다. 그러면 유족들은 안치실에서 나온다. 목사는 안치실에서 나온 유족들을 위로한다.)

3. 발인식

(목사는 간단하게 발인식을 가지면서 지친 유가족을 위로한다.)

개식사 ·· 집례자
(유족과 조문객이 모였을 때 목사는 다음의 성경구절을 인용해서 예식을 시작한다.)

> "우리의 도움은 천지를 지으신 여호와의 이름에 있도다."(시편 124:8)

찬 송 ·· 다같이
(적절한 찬송에는 '543장-어려운 일 당할 때', '539장-너 예수께 조용히 나가' 등이 있다.)

기 도 ·· 집례자
　　　(목사는 다음의 기도나 혹은 유사한 기도로 기도할 수 있다.)

"발인하는 이 시간에 우리가 하나님이 하신 일 앞에 겸손히 고개를 조아리며 주님을 찬양합니다. 우리가 주님이 주신 말씀의 귀한 약속에 감사를 드립니다. 주 안에서 죽는 이들이 복이 있다고 하신 말씀을 기억하면서 주님께 감사드립니다. 이 시간 우리 모두가 주님의 주권적인 뜻을 인정하고 주님의 무한하신 자비를 바라보니

부록 3. 장례식 모범 (위로식, 입관식, 발인식, 화장식, 하관식 등)

다. 특별히 이 시간 유족들의 슬픔을 돌아보시고 성령의 위로를 허락하여 주옵소서. 인내로 또는 성경의 위로로 소망을 가지기를 원합니다(롬 15:4). 친히 '내가 곧 길이요 진리요 생명이다'라고 하셨고, 먼저 가신 이와 우리를 다시 살려서 하나님 앞에 서게 하실 우리 주 예수 그리스도의 이름으로 기도드립니다. 아멘."

성경봉독·· 집례자
(목사는 다음의 성경 구절을 읽을 수 있다.)

"그러므로 우리가 믿음으로 의롭다 하심을 받았으니 우리 주 예수 그리스도로 말미암아 하나님과 화평을 누리자. 또한 그로 말미암아 우리가 믿음으로 서 있는 이 은혜에 들어감을 얻었으며 하나님의 영광을 바라고 즐거워하느니라. 다만 이뿐 아니라 우리가 환난 중에도 즐거워하나니 이는 환난은 인내를, 인내는 연단을, 연단은 소망을 이루는 줄 앎이로다. 소망이 우리를 부끄럽게 하지 아니함은 우리에게 주신 성령으로 말미암아 하나님의 사랑이 우리 마음에 부은 바 됨이니 우리가 아직 연약할 때에 기약대로 그리스도께서 경건하지 않은 자를 위하여 죽으셨도다. 의인을 위하여 죽는 자가 쉽지 않고 선인을 위하여 용감히 죽는 자가 혹 있거니와 우리가 아직 죄인 되었을 때에 그리스도께서 우리를 위하여 죽으심으로 하나님께서 우리에 대한 자기의 사랑을 확증하셨느니라."(로마서 5:1-8)
(이 외에도 로마서 8:1-11도 적절한 본문이 될 수 있다.)

설 교 ·· 집례자
(가능하면 간단하게 지친 유족이 하나님의 은혜를 향할 수 있도록 설교해야 한다.)

조 사 ·· 맡은이
(고인의 생애, 특히 고인의 신앙생활의 발자취를 회고하며 주님께 감사하는

시간을 가진다.)

찬 송 ·· 다같이
(적절한 찬송에는 '386장-만세 반석 열린 곳에', '388장-비바람이 칠 때와'
등이 있다.)

주기도문·· 다같이

인사와 광고 ······································· 유족대표 혹은 교회대표

4. 화장장에서의 예식

(화장장에서는 특별한 예식이 필요 없지만 유가족이 고인의 시신이 재로 돌
아가는 것을 지나치게 슬퍼할 때에 아래 예식을 간단하게 진행할 수 있다.

개식사·· 집례자
(화장장에서 목사는 다음의 말로 예식을 시작한다.)

 "만일 땅에 있는 우리의 장막 집이 무너지면 하나님께서 지으신 집 곧 손으로 지
 은 것이 아니요 하늘에 있는 영원한 집이 우리에게 있는 줄 아느니라."(고린도후서
 5:1)

신 앙 고 백 ························· 사 도 신 경 ··················· 다 같 이

찬 송 ·· 다같이

부록 3. 장례식 모범 (위로식, 입관식, 발인식, 화장식, 하관식 등)

(적절한 찬송에는 '606장-해보다 더 밝은 저 천국', '607장-내 본향 가는 길' 등이 있다.)

기 도 ……………………………………………… 집례자 혹은 맡은이

성경봉독(부활과 영생에 관한 성경) ……………………………… 집례자

"그러나 이제 그리스도께서 죽은 자 가운데서 다시 살아나사 잠자는 자들의 첫 열매가 되셨도다. 사망이 한 사람으로 말미암았으니 죽은 자의 부활도 한 사람으로 말미암는도다. 아담 안에서 모든 사람이 죽은 것 같이 그리스도 안에서 모든 사람이 삶을 얻으리라. 그러나 각각 자기 차례대로 되리니 먼저는 첫 열매인 그리스도요 다음에는 그가 강림하실 때에 그리스도에게 속한 자요 그 후에는 마지막이니 그가 모든 통치와 모든 권세와 능력을 멸하시고 나라를 아버지 하나님께 바칠 때라. 그가 모든 원수를 그 발 아래에 둘 때까지 반드시 왕 노릇 하시리니 맨 나중에 멸망받을 원수는 사망이니라. '만물을 그의 발 아래에 두셨다.' 하셨으니 만물을 아래에 둔다 말씀하실 때에 만물을 그의 아래에 두신 이가 그 중에 들지 아니한 것이 분명하도다. 만물을 그에게 복종하게 하실 때에는 아들 자신도 그때에 만물을 자기에게 복종하게 하신 이에게 복종하게 되리니 이는 하나님이 만유의 주로서 만유 안에 계시려 하심이라. … 누가 묻기를 '죽은 자들이 어떻게 다시 살아나며 어떠한 몸으로 오느냐?' 하리니 어리석은 자여 네가 뿌리는 씨가 죽지 않으면 살아나지 못하겠고 또 네가 뿌리는 것은 장래의 형체를 뿌리는 것이 아니요 다만 밀이나 다른 것의 알맹이뿐이로되 하나님이 그 뜻대로 그에게 형체를 주시되 각 종자에게 그 형체를 주시느니라."(고린도전서 15:20-28; 35-38)

(다음 구절을 사용할 수 있다.)

"너희는 마음에 근심하지 말라. 하나님을 믿으니 또 나를 믿으라. 내 아버지 집에

거할 곳이 많도다. 그렇지 않으면 너희에게 일렀으리라. 내가 너희를 위하여 거처를 예비하러 가노니 가서 너희를 위하여 거처를 예비하면 내가 다시 와서 너희를 내게로 영접하여 나 있는 곳에 너희도 있게 하리라. ⋯ 너희가 나를 사랑하면 나의 계명을 지키리라. 내가 아버지께 구하겠으니 그가 또 다른 보혜사를 너희에게 주사 영원토록 너희와 함께 있게 하리니 그는 진리의 영이라. 세상은 능히 그를 받지 못하나니 이는 그를 보지도 못하고 알지도 못함이라. 그러나 너희는 그를 아나니 그는 너희와 함께 거하심이요 또 너희 속에 계시겠음이라. 내가 너희를 고아와 같이 버려두지 아니하고 너희에게로 오리라. 조금 있으면 세상은 다시 나를 보지 못할 것이로되 너희는 나를 보리니 이는 내가 살아 있고 너희도 살아 있겠음이라. 그날에는 내가 아버지 안에, 너희가 내 안에, 내가 너희 안에 있는 것을 너희가 알리라. ⋯ 내가 아직 너희와 함께 있어서 이 말을 너희에게 하였거니와 보혜사 곧 아버지께서 내 이름으로 보내실 성령 그가 너희에게 모든 것을 가르치고 내가 너희에게 말한 모든 것을 생각나게 하리라. 평안을 너희에게 끼치노니 곧 나의 평안을 너희에게 주노라. 내가 너희에게 주는 것은 세상이 주는 것과 같지 아니하니라. 너희는 마음에 근심하지도 말고 두려워하지도 말라."(요한복음 14:1-3; 15-20; 25-27)

설 교 ⋯⋯⋯⋯⋯⋯⋯⋯⋯⋯⋯⋯⋯⋯⋯⋯⋯⋯⋯⋯⋯⋯⋯ 집례자

찬 송 ⋯⋯⋯⋯⋯⋯⋯⋯⋯⋯⋯⋯⋯⋯⋯⋯⋯⋯⋯⋯⋯⋯ 다같이
(적절한 찬송에는 '491장-저 높은 곳을 향하여', '493장-하늘가는 밝은 길이' 등이 있다.)

마 침 기 도 ⋯⋯⋯⋯⋯⋯⋯⋯ 주 기 도 문 ⋯⋯⋯⋯⋯⋯ 집 례 자

부록 3. 장례식 모범 (위로식, 입관식, 발인식, 화장식, 하관식 등)

5. 하관식

개식사··· 집례자
(매장지에서 목사는 다음의 말로 예식을 시작한다.)

"예수께서 이르시되 '나는 부활이요 생명이니 나를 믿는 자는 죽어도 살겠고 무릇 살아서 나를 믿는 자는 영원히 죽지 아니하리니 이것을 네가 믿느냐?'"(요한복음 11:25-26)

신 앙 고 백 ·························· 사 도 신 경 ····················· 다 같 이

찬 송 ·· 다같이
(적절한 찬송에는 '608장-후일에 생명 그칠 때', '610장-고생과 수고가 다 지난 후' 등이 있다.)

기 도 ·· 집례자 혹은 맡은이

성경봉독(부활과 영생에 관한 성경) ······························· 집례자

"우리 주 예수 그리스도의 아버지 하나님을 찬송하리로다. 그의 많으신 긍휼대로 예수 그리스도를 죽은 자 가운데서 부활하게 하심으로 말미암아 우리를 거듭나게 하사 산 소망이 있게 하시며 썩지 않고 더럽지 않고 쇠하지 아니하는 유업을 잇게 하시나니 곧 너희를 위하여 하늘에 간직하신 것이라. 너희는 말세에 나타내기로 예비하신 구원을 얻기 위하여 믿음으로 말미암아 하나님의 능력으로 보호하심을 받았느니라. 그러므로 너희가 이제 여러 가지 시험으로 말미암아 잠깐 근심하게 되지 않을 수 없으나 오히려 크게 기뻐하는도다. 너희 믿음의 확실함은 불로 연단하여

도 없어질 금보다 더 귀하여 예수 그리스도께서 나타나실 때에 칭찬과 영광과 존귀를 얻게 할 것이니라. 예수를 너희가 보지 못하였으나 사랑하는도다. 이제도 보지 못하나 믿고 말할 수 없는 영광스러운 즐거움으로 기뻐하니 믿음의 결국 곧 영혼의 구원을 받음이라."(베드로전서 1:3-9)

(아래의 성경구절을 사용할 수 있다.)

"또 내가 새 하늘과 새 땅을 보니 처음 하늘과 처음 땅이 없어졌고 바다도 다시 있지 않더라. 또 내가 보매 거룩한 성 새 예루살렘이 하나님께로부터 하늘에서 내려오니 그 준비한 것이 신부가 남편을 위하여 단장한 것 같더라. 내가 들으니 보좌에서 큰 음성이 나서 이르되 '보라. 하나님의 장막이 사람들과 함께 있으매 하나님이 그들과 함께 계시리니 그들은 하나님의 백성이 되고 하나님은 친히 그들과 함께 계셔서 모든 눈물을 그 눈에서 닦아 주시니, 다시는 사망이 없고 애통하는 것이나 곡하는 것이나 아픈 것이 다시 있지 아니하리니 처음 것들이 다 지나갔음이러라….' 성 안에서 내가 성전을 보지 못하였으니 이는 주 하나님 곧 전능하신 이와 및 어린 양이 그 성전이심이라. 그 성은 해나 달의 비침이 쓸 데 없으니 이는 하나님의 영광이 비치고 어린 양이 그 등불이 되심이라. 만국이 그 빛 가운데로 다니고 땅의 왕들이 자기 영광을 가지고 그리로 들어가리라. 낮에 성문들을 도무지 닫지 아니하리니 거기에는 밤이 없음이라. 사람들이 만국의 영광과 존귀를 가지고 그리로 들어가겠고 무엇이든지 속된 것이나 가증한 일 또는 거짓말 하는 자는 결코 그리로 들어가지 못하되 오직 어린 양의 생명책에 기록된 자들만 들어가리라."(요한계시록 21:1-4, 22-27)

설 교 ……………………………………………………………… 집례자
(목사는 위 성경구절로 마지막 위로의 말을 전한다.)

부록 3. 장례식 모범 (위로식, 입관식, 발인식, 화장식, 하관식 등)

찬 송 ·· 다같이
(적절한 찬송에는 '595장-나 맡은 본분은', '543장-어려운 일 당할 때' 등이
있다.)

마 침 기 도 ······················· 주 기 도 문 ······················ 집 례 자

취 토 ·· 집례자
(매장의 경우 목사가 다음과 같이 매장사(혹은 화장사)를 한 후에 꽃이나 흙
을 관 위에 던지거나 뿌리고, 화장의 경우에는 이후에 분골함을 화장장으로
옮긴다. 취토의 경우에는 집례자가 먼저 하고 유가족, 조문객 순으로 한다.)

"성부 성자 성령의 이름으로 말하노니 이제 성도(집사/권사, 장로, 목사) ㅇㅇㅇ 씨
는 하나님의 보호하심 안에 있으므로 우리는 그의 육신을 '땅에 매장하노라'. 사람
은 흙에서 왔으니 흙으로 돌아갈지어다. 우리는 하나님의 크신 자비를 신뢰하며 우
리 주 예수 그리스도를 통하여 죽은 자 가운데서의 부활과 오는 세상에서의 생명을
소망하노라. 아멘!"

✱ 구원의 복음을 제시하기

(유족 중 믿지 않는 이가 있을 때 목사는 구원의 복음을 제시하는 것이 좋다.)

이제 그리스도 예수 안에 있는 자들에게 주시는 복음의 약속을 들읍시다. (이어서 목사는 그리스도 안에 있는 하나님의 은혜로 말미암는 구원의 복음을 제시하는 성경 본문을 다음에서 인용해서 읽는다.)

"하나님이 세상을 이처럼 사랑하사 독생자를 주셨으니 이는 그를 믿는 자마다 멸망하지 않고 영생을 얻게 하려 하심이라. 하나님이 그 아들을 세상에 보내신 것은 세상을 심판하려 하심이 아니요, 그로 말미암아 세상이 구원을 받게 하려하심이라."(요한복음 3:16-17)

"'내가 문이니 누구든지 나로 말미암아 들어가면 구원을 받고 또는 들어가며 나오며 꼴을 얻으리라. 도둑이 오는 것은 도둑질하고 죽이고 멸망시키려는 것뿐이요 내가 온 것은 양으로 생명을 얻게 하고 더 풍성히 얻게 하려는 것이라. 나는 선한 목자라. 선한 목자는 양들을 위하여 목숨을 버리거니와 … 내 양은 내 음성을 들으며 나는 그들을 알며 그들은 나를 따르느니라. 내가 그들에게 영생을 주노니 영원히 멸망하지 아니할 것이요 또 그들을 내 손에서 빼앗을 자가 없느니라. 그들을 주신 내 아버지는 만물보다 크시매 아무도 아버지 손에서 빼앗을 수 없느니라. 나와 아버지는 하나이니라.' 하신대"(요한복음 10:9-11; 27-30)

"그러므로 우리가 믿음으로 의롭다 하심을 받았으니 우리 주 예수 그리스도로 말미암아 하나님과 화평을 누리자. 또한 그로 말미암아 우리가 믿음으로 서 있는 이 은혜에 들어감을 얻었으며 하나님의 영광을 바라고 즐거워하느니라. 다만 이뿐 아니라 우리가 환난 중에도 즐거워하나니 이는 환난은 인내를, 인내는 연단을, 연단은

부록 3. 장례식 모범 (위로식, 입관식, 발인식, 화장식, 하관식 등)

소망을 이루는 줄 앎이로다. 소망이 우리를 부끄럽게 하지 아니함은 우리에 게 주신 성령으로 말미암아 하나님의 사랑이 우리 마음에 부은 바 됨이니 우리가 아직 연약할 때에 기약대로 그리스도께서 경건하지 않은 자를 위하여 죽으셨도다. 의인을 위하여 죽는 자가 쉽지 않고 선인을 위하여 용감히 죽는 자가 혹 있거니와 우리가 아직 죄인 되었을 때에 그리스도께서 우리를 위하여 죽으심으로 하나님께서 우리에 대한 자기의 사랑을 확증하셨느니라. 그러면 이제 우리가 그의 피로 말미암아 의롭다 하심을 받았으니 더욱 그로 말미암아 진노하심에서 구원을 받을 것이니 곧 우리가 원수 되었을 때에 그의 아들의 죽으심으로 말미암아 하나님과 화목하게 되었은즉 화목하게 된 자로서는 더욱 그의 살아나심으로 말미암아 구원을 받을 것이니라. 그뿐 아니라 이제 우리로 화목하게 하신 우리 주 예수 그리스도로 말미암아 하나님 안에서 또한 즐거워하느니라."(로마서 5:1-11)

(이 외에도 로마서 8:1-11도 적절한 본문이 될 수 있다.)

＊특별한 경우에 참고할 성경

(특별한 장례식의 경우에 목사는 적절하다고 판단될 경우 다음의 성경에서 일부를 읽고 설교할 수 있다.)

어린이의 장례에 대한 본문

"내가 내 언약을 나와 너 및 네 대대 후손 사이에 세워서 영원한 언약을 삼고 너와 네 후손의 하나님이 되리라."(창세기 17:7)

"'이 약속은 너희와 너희 자녀와 모든 먼 데 사람 곧 주 우리 하나님이 얼마든지부르시는 자들에게 하신 것이라.' 하고"(사도행전 2:39)

"여호와께서 이와 같이 말씀하시니라. '라마에서 슬퍼하며 통곡하는 소리가 들리니 라헬이 그 자식 때문에 애곡하는 것이라. 그가 자식이 없어져서 위로 받기를 거절하는도다.'"(예레미야 31:15)

"예수께서 보시고 노하시어 이르시되 '어린 아이들이 내게 오는 것을 용납하고 금하지 말라. 하나님의 나라가 이런 자의 것이니라. 내가 진실로 너희에게 이르노니 누구든지 하나님의 나라를 어린 아이와 같이 받들지 않는 자는 결단코 그 곳에 들어가지 못하리라.' 하시고 그 어린 아이들을 안고 그들 위에 안수하시고 축복하시니라."(마가복음 10:13-16)

"삼가 이 작은 자 중의 하나도 업신여기지 말라. 너희에게 말하노니 그들의 천사들이 하늘에서 하늘에 계신 내 아버지의 얼굴을 항상 뵈옵느니라."(마태복음 18:10) "이와 같이 이 작은 자 중의 하나라도 잃는 것은 하늘에 계신 너희 아버지의 뜻이 아니니라."(마태복음 18:14)

"아직 예수께서 말씀하실 때에 회당장의 집에서 사람들이 와서 회당장에게 이르되 '당신의 딸이 죽었나이다. 어찌하여 선생을 더 괴롭게 하나이까?' 예수께서 그 하는 말을 곁에서 들으시고 회당장에게 이르시되 '두려워하지 말고 믿기만 하라.' 하시고 베드로와 야고보와 야고보의 형제 요한 외에 아무도 따라옴을 허락하지 아니하시고 회당장의 집에 함께 가사 떠드는 것과 사람들이 울며 심히 통곡함을 보시고 들어가서 그들에게 이르시되 '너희가 어찌하여 떠들며 우느냐? 이 아이가 죽은 것이 아니라 잔다.' 하시니"(마가복음 5:35-39)

"나단이 자기 집으로 돌아가니라. 우리아의 아내가 다윗에게 낳은 아이를 여호와께서 치시매 심히 앓는지라. 다윗이 그 아이를 위하여 하나님께 간구하되 다윗이 금식하고 안에 들어가서 밤새도록 땅에 엎드렸으니 그 집의 늙은 자들이 그 곁에 서서 다윗을 땅에서 일으키려 하되 왕이 듣지 아니하고 그들과 더불어 먹지도 아니하더라. 이레 만에 그 아이가 죽으니라. 그러나 다윗의 신하들이 아이가 죽은 것을 왕에게 아뢰기를 두려워하니 이는 그들이 말하기를 '아이가 살았을 때에 우리가 그에게 말하여도 왕이 그 말을 듣지 아니하셨나니 어떻게 그 아이가 죽은 것을 그에게 아뢸 수 있으랴? 왕이 상심하시리로다.' 함이라. 다윗이 그의 신하들 이 서로 수군거리는 것을 보고 그 아이가 죽은 줄을 다윗이 깨닫고 그의 신하들 에게 묻되 '아이가 죽었느냐?' 하니 대답하되 '죽었나이다.' 하는지라. 다윗이 땅에 서 일어나 몸을 씻고 기름을 바르고 의복을 갈아입고 여호와의 전에 들어가서 경배하고 왕궁으로 돌아와 명령하여 음식을 그 앞에 차리게 하고 먹은지라. 그의 신하들이 그에게 이르되 '아이가 살았을 때에는 그를 위하여 금식하고 우시더니 죽은 후에는 일어나서 잡수시니 이 일이 어찌 됨이니이까?' 하니 이르되 '아이가 살았을 때에 내가 금식하고 운 것은 '혹시 여호와께서 나를 불쌍히 여기사 아이를 살려 주실는지 누가 알까?' 생각함이거니와 지금은 죽었으니 내가 어찌 금식하랴? 내가 다시 돌아오게 할 수 있느냐? 나는 그에게로 가려니와 그는 내게로 돌아오지 아니하리라.' 하니라."(사무엘하 12:15-23)

"이르되 '내가 모태에서 알몸으로 나왔사온즉 또한 알몸이 그리로 돌아가올지라. 주신 이도 여호와시요 거두신 이도 여호와시오니 여호와의 이름이 찬송을 받으실 지니이다.' 하고"(욥기 1:21)

청년의 장례에 대한 본문

"그러므로 모든 육체는 풀과 같고 그 모든 영광은 풀의 꽃과 같으니 풀은 마르고 꽃은 떨어지되"(베드로전서 1:24)

"너는 내일 일을 자랑하지 말라. 하루 동안에 무슨 일이 일어날는지 네가 알 수 없

음이니라."(잠언 27:1)

"내일 일을 너희가 알지 못하는도다. 너희 생명이 무엇이냐? 너희는 잠깐 보이다가 없어지는 안개니라."(야고보서 4:14)

"사람이 장래 일을 알지 못하나니 장래 일을 가르칠 자가 누구이랴? 바람을 주장하여 바람을 움직이게 할 사람도 없고 죽는 날을 주장할 사람도 없으며 전쟁할 때를 모면할 사람도 없으니 악이 그의 주민들을 건져낼 수는 없느니라."(전도서 8:7-8) "어떤 사람은 죽도록 기운이 충실하여 안전하며 평안하고 그의 그릇에는 젖이 가득하며 그의 골수는 윤택하고 어떤 사람은 마음에 고통을 품고 죽으므로 행복을 맛보지 못하는도다. 이 둘이 매 한 가지로 흙 속에 눕고 그들 위에 구더기가 덮이는구나."(욥기 21:23-26)

"'주의하라. 깨어 있으라. 그 때가 언제인지 알지 못함이라. 가령 사람이 집을 떠나 타국으로 갈 때에 그 종들에게 권한을 주어 각각 사무를 맡기며 문지기에게 깨어 있으라 명함과 같으니 그러므로 깨어 있으라. 집 주인이 언제 올는지 혹 저물 때일는지, 밤중일는지, 닭 울 때일는지, 새벽일는지 너희가 알지 못함이라. 그가 홀연히 와서 너희가 자는 것을 보지 않도록 하라. 깨어 있으라. 내가 너희에게 하는 이 말은 모든 사람에게 하는 말이니라.' 하시니라."(마가복음 13:33-37)

"허리에 띠를 띠고 등불을 켜고 서 있으라. 너희는 마치 그 주인이 혼인 집에서 돌아와 문을 두드리면 곧 열어 주려고 기다리는 사람과 같이 되라."(누가복음 12:35-36)

부록 3. 장례식 모범 (위로식, 입관식, 발인식, 화장식, 하관식 등)

노인의 장례에 대한 본문

"우리의 모든 날이 주의 분노 중에 지나가며 우리의 평생이 순식간에 다하였나이다 우리의 연수가 칠십이요 강건하면 팔십이라도 그 연수의 자랑은 수고와 슬픔 뿐이요 신속히 가니 우리가 날아가나이다."(시편 90:9-10)

"야곱이 바로에게 아뢰되 '내 나그네 길의 세월이 백삼십 년이니이다. 내 나이가 얼마 못 되니 우리 조상의 나그네 길의 연조에 미치지 못하나 험악한 세월을 보내었나이다.' 하고"(창세기 47:9)
"백발은 영화의 면류관이라. 공의로운 길에서 얻으리라."(잠언 16:31)

"의인은 종려나무 같이 번성하며 레바논의 백향목 같이 성장하리로다. 이는 여호와의 집에 심겼음이여 우리 하나님의 뜰 안에서 번성하리로다. 그는 늙어도 여전히 결실하며 진액이 풍족하고 빛이 청청하니 여호와의 정직하심과 나의 바위 되심과 그에게는 불의가 없음이 선포되리로다."(시편 92:12-15)

많은 유익을 끼치고 열매를 많이 맺은 성도의 생활에 대한 성경본문

"의인의 길은 돋는 햇살 같아서 크게 빛나 한낮의 광명에 이르거니와"(잠언 4:18)
"그 때에 여호와를 경외하는 자들이 피차에 말하매 여호와께서 그것을 분명히 들으시고 여호와를 경외하는 자와 그 이름을 존중히 여기는 자를 위하여 여호와 앞에 있는 기념책에 기록하셨느니라. '만군의 여호와가 이르노라. 나는 내가 정한 날에 그들을 나의 특별한 소유로 삼을 것이요, 또 사람이 자기를 섬기는 아들을 아낌 같이 내가 그들을 아끼리니 그 때에 너희가 돌아와서 의인과 악인을 분별하고 하나님을 섬기는 자와 섬기지 아니하는 자를 분별하리라.'"(말라기 3:16-18)

"또 약속하신 이는 미쁘시니 우리가 믿는 도리의 소망을 움직이지 말며 굳게 잡고 서로 돌아보아 사랑과 선행을 격려하며 모이기를 폐하는 어떤 사람들의 습관과 같이 하지 말고 오직 권하여 그 날이 가까움을 볼수록 더욱 그리하자."(히브리서 10:23-25)

"그 때에 임금이 그 오른편에 있는 자들에게 이르시되 '내 아버지께 복 받을 자들이여 나아와 창세로부터 너희를 위하여 예비된 나라를 상속받으라. 내가 주릴 때에 너희가 먹을 것을 주었고 목마를 때에 마시게 하였고 나그네 되었을 때에 영접 하였고 헐벗었을 때에 옷을 입혔고 병들었을 때에 돌보았고 옥에 갇혔을 때에 와서 보았느니라.' 이에 의인들이 대답하여 이르되 '주여, 우리가 어느 때에 주께서 주리신 것을 보고 음식을 대접하였으며 목마르신 것을 보고 마시게 하였나이까? 어느 때에 나그네 되신 것을 보고 영접하였으며 헐벗으신 것을 보고 옷 입혔나이까? 어느 때에 병드신 것이나 옥에 갇히신 것을 보고 가서 뵈었나이까?' 하리니 임금이 대답하여 이르시되 '내가 진실로 너희에게 이르노니 너희가 여기 내 형제 중에 지극히 작은 자 하나에게 한 것이 곧 내게 한 것이니라.' 하시고"(마태복음 25:34-40)

"지혜 있는 자는 궁창의 빛과 같이 빛날 것이요, 많은 사람을 옳은 데로 돌아오게 한 자는 별과 같이 영원토록 빛나리라."(다니엘 12:3)

"내 형제들아 너희 중에 미혹되어 진리를 떠난 자를 누가 돌아서게 하면 너희가 알 것은 죄인을 미혹된 길에서 돌아서게 하는 자가 그의 영혼을 사망에서 구원할 것이며 허다한 죄를 덮을 것임이라."(야고보서 5:19-20)

부록 4
장례식 설교 모범

장례식 설교로 선택하기 좋은 본문

창 3:19 / 고전 15:42-44 / 창 50:24-26 / 출 13:19 / 히 11:22

욥 1:20-22 / 시 31:5 / 시 57:7 / 시 90편 / 전 5:15 / 눅 23:39-43

요 5:24 / 요 11:17-27 / 행 7:2-5 / 롬 6:5, 8 / 롬 8:10-11

롬 14:8-9 / 고전 15:12-19 / 고전 15:20-28 / 고전 15:29-32

고전 15:42-44 / 고전 15:45-49 / 고전 15:50-58 / 고후 5:1-7

고후 5:8-10 / 딤후 4:8 / 벧전 1:23-25 / 계 14:12-13 / 계 22:1-5

장례식에서 부르기 적합한 찬송

93장 "예수는 나의 힘이요"

480장 "천국에서 만나보자"

491장 "저 높은 곳을 향하여"

493장 "하늘 가는 밝은 길이"
606장 "해보다 더 밝은 저 천국"
607장 "내 본향 가는 길"
608장 "후일에 생명 그칠 때"
610장 "고생과 수고가 다 지난 후"

위로예식설교(예)

성경: 전도서 5:15

제목: 빈손 들고 사는 인생

방금 읽은 말씀에 보면 기독교의 인생관이 참 잘 드러나 있습니다. 벌거벗고 나왔은즉 그 나온대로 돌아가고, 아무것도 가지고 가지 못한다고 하는 것입니다. 그런데 언뜻 생각해 보면 이러한 인생관이 불교의 그것과 뭐가 다를까 하고 생각하기 쉽습니다. 왜냐하면 불교에서도 "공수래 공수거(空手來 空手去)"라고 해서 "빈손으로 왔다가 빈손으로 간다"라고 말하기 때문입니다.

뭔가 비슷하지만 실제로는 아주 중요한 차이가 있습니다. 불교나 기독교나 빈손으로 왔다가 빈손으로 간다고 하는 점에 있어서 동일합니다. 그러나 불교의 인생관은 허무합니다. 빈손으로 왔다가 그냥 빈손으로 갑니다. 과연 그 빈손은 어디에서 왔으며, 그 빈손은 어디로 가는 것인지 말해 주지 않습니다. 우리의 알몸이 어디에서 왔는지, 우리는 어디로 다시 돌아가는지를 설명해 주지 않습니다. 그저 "빈손으로 왔다가 빈손으로 가는 것"으로 마치고 있는 것이 바로 불교의 인생관입니다.

하지만, 기독교는 그 기원, 그 근원을 말해줍니다. 그저 빈손으로 왔다가 빈손으로 간다고 말하는 것이 아니라 오늘 본문 말씀처럼 그 나온 대로 돌아간다고 말씀합니다. 그 나온 대가 있으며 그 돌아가는 곳이 있습니다. 그렇다면 그 나온 데가 어디입니까? 바로 생명의 근원이신 하나님이십니다. 이것이 바로 기독교가 불교의 인생관과 다른 점입니다.

기독교의 인생관이란 바로 이런 것입니다. 우리가 가진 모든 것들이 바로 하나님께로부터 온 것입니다. 그래서 그 모든 것을 다시 가져 가신다고 하더라도 너무나 당연하게 여기는 것이 기독교의 인생관입니다. 우리에게서 온 것이 하나도 없고 모든 것이 하나님께로부터 온 것입니다. 심지어 우리의 목숨까지도 말입니다. 우리는 모태에서 벌거벗고 나왔으되 생명의 주인이신 하나님께로부터 온 존재입니다. 이 땅에서 수고하여 얻는 것이 있지만, 그것들 역시 하나님께서 주시는 것입니다.

우리가 어디에서 왔고 어디로 가는지 알지 못하며 우리가 가진 것이 누가 준 것인지, 그리고 그것을 가져가는 분이 누구인지를 알지 못하는 허무한 불교와 달리 우리는 모든 것이 하나님께로부터 온 것임을 믿습니다.

이 믿음 때문에 우리가 서로 위로할 수 있습니다. 이 믿음 때문에 이 죽은 몸이 어디로 갈지 우리는 확신할 수 있습니다. 우리 역시 지금 당장 내가 죽는다 할지라도 감사할 수 있으며, 두려워하지 않을 수 있습니다. 왜냐하면 우리는 그 나온 대로 돌아가는 인생이기 때문입니다.

찬송가 607장 "내 본향 가는 길"
찬송가 610장 "고생과 수고가 다 지난 후"

입관/발인예식설교(예)

성경: 창 50:22-26

제목: 입관만 한 채 끝난 장례식

고 OOO 선생께서는 신약성경의 로마서와 더불어 구약성경의 첫 번째 책인 창세기를 참 좋아했습니다. '태초에 하나님이 천지를 창조하시니라'라는 웅장한 말씀으로 시작된 창세기가 요셉이라는 한 인물의 죽음으로 마무리되는 것이 너무나 초라한 결말이라는 생각이 들기도 합니다. 하지만 이 요셉의 죽음에 대한 기록이야말로 이스라엘과 온 교회를 위한 소망스러운 말씀인 것을 알 수 있습니다.

1) 유족들을 심방하시는 하나님

"나는 죽을 것이나 하나님이 당신들을 돌보시고 당신들을 이 땅에서 인도하여 내사 아브라함과 이삭과 야곱에게 맹세하신 땅에 이르게 하시리라." 요셉이 형제들에게 유언과 같이 한 말입니다. 자신은 죽지만 하나님이 형제들을 돌보아 주실 것이라고 확신합니다. 사실, 이때 형제들은 요셉의 죽음을 앞두고 크게 걱정하고 있었을 것입니다. 요셉이 애굽의 총리가 되어 자기들을 불렀는데 요셉이 죽어 버리면 어떻게 합니까? 자신들이 외국에서 낙동강 오리알이 되는 것이 아닙니까? 요셉이 자기들을 돌보아주지 않으면 자신들이 살아갈 길이 막막합니다.

이것을 안 요셉이 말합니다. 하나님께서 당신들을 돌보실 것이라고 말입니다. 여기서 돌본다는 말은 교회에서 흔히 사용하는 '심방'이라는 말입니다. 하나님께서 당신들을 심방하실 것이라는 말입니다. 요셉은 하나님의 심방의 구체적인 결과가 약속의 땅으로 돌아가는 것이라고 합니다. 이스라엘 자손들이 이 애굽 땅에서 영원히 살 것이 아니라는 말입니다. 애굽은 기근시에 잠시 와서 머무는 곳입니다. 이스라엘 자손들은 그들의 조상이었던 아브라함과 이삭과 야곱에게 하나님께서 맹세하신 땅으로 돌아갈 것입니다. 이스라엘 자손들은 총리대신이었던 요셉의 친척이라는 것을 배경삼아 애굽에서 성공하려고 해서는 안됩니다. 애굽은 그들이 영구히 살 땅이 아니었습니다. 하나님께서 약속하신 땅이 따로 있습니다. 그 곳으로 가야 합니다. 이것처럼 우리는 이 땅에 살고 있지만 하나님께서 인도하시는 땅으로 가게 될 것입니다.

2) 약속을 붙잡게 하는 고인

"하나님이 반드시 당신들을 돌보시리니 당신들은 여기서 내 해골을 메고 올라가겠다 하라." 요셉이 형제들을 향해 맹세하라고 하는 말입니다. 지금 이 자리에서 맹세하라는 것입니다. 나중에 자신의 해골을 메고 나가라는 것입니다. 어디로 나가라는 것입니까? 하나님께서 약속해 주신 땅으로 가라는 것입니다. 이스라엘 자손들이 애굽에 들어오기 전에 살던 땅이었지요. 가나안 땅입니다. 그곳에서 나그네처럼 살았는데 이후에는 그 땅을 차지하고 살게 될 것이라는 뜻입니다. 그때 자기는 없을테니 자기 시신을 애굽에 놓아두지 말고 메고 나가라는 것입니다. 요셉은 자신이 죽은 후에도 하나님의 약속의 성취에 동참하기를 원했습니다. 후손들과 함께 하나님의 약속을 누리기를 원했습니다.

요셉은 자신의 시신이 미라가 되어, 피라미드에 들어가기를 원치 않았습니다. 자신의 시신이 전시되어 사람들에게 경배의 대상이 되기를 원치 않았습니다. 요셉은 자기 형제들에게 경계하고 있습니다. 요셉

자신의 명성을 믿고 살지 말라는 것입니다. 하나님의 약속을 믿고 살라는 것입니다.

3) 입관으로 끝난 장례식

요셉이 죽자 요셉의 형제들이 장례식을 합니다. 애굽 사람들이 그 장례식을 적극적으로 도왔을 것입니다. 요셉은 이민족이었지만 애굽을 기근 시에 구출해준 영웅이었기 때문입니다. 그래서 우리가 알듯이 애굽의 파라오를 장례할 때처럼 시신을 미라로 만드는 일을 했을 것입니다. 내장을 다 빼내어서 항아리에 담아 보관합니다. 그리고 시신의 내부가 썩지 않도록 방부처리를 합니다. 창세기 50장 시작 부분에 보면 요셉의 아버지였던 야곱에게도 애굽이 극진하게 장례를 치러주는 장면이 기록되어 있습니다. 향 처리를 하는데 40일이 걸렸다고 합니다. 그리고 애굽 사람들이 야곱을 위해 70일 동안 애곡했다고 말합니다.

요셉의 형제들은 이 장례식에서 뒷전으로 물러나지 않았습니다. 그들이 상주가 되어서 장례식을 적극적으로 치렀습니다. 이상한 것은 마지막 절 말씀입니다. "요셉이 백십세에 죽으매 그들이 그의 몸에 향 재료를 넣고 애굽에서 입관하였더라"는 말씀입니다. 입관만 했다는 것입니다. 하관이 없습니다. 왜 하관을 하지 않습니까? 장례식이 끝나지 않았다는 것을 보여주는 것입니다. 출애굽기 13장 19절 말씀에 보면 출애굽하는 장면 속에 요셉의 시신에 관한 언급을 하고 있습니다. "모세가 요셉의 유골을 가졌으니 이는 요셉이 이스라엘 자손으로 단단히 맹세하게 하여 이르기를 하나님이 반드시 너희를 찾아 오시리니 너희는 내 유골을 여기서 가지고 나가라 하였음이더라." 요셉은 죽으면서도 자기 형제들과 함께 하기를 원했고, 죽어서도 자기 후손들과 함께 약속의 땅으로 들어갔습니다.

신자의 장례식은 여느 장례식과 달리 하관이 없는 장례식입니다. 돌아갈 곳이 있기 때문입니다. 신자의 죽음은 죄에 대한 형벌이 아니라 하늘 생명을 시작하는 것이기 때문입니다. 신자의 장례식은 모든 것을 벗게 되는 부끄러운 날이 아니라 하늘의 영광으로 덧입는 영광스러운 날입니다. 우리 모두 하나님이 하시는 일 앞에서 머리를 숙이고 경외하면서 주님의 부르심을 향해 힘껏 달려가야 하겠습니다. 이 말씀으로 서로 위로하시기 바랍니다. 머지않아 우리 모두 먼저 가신 분과 함께 있게 될 것입니다. 하나님이 우리에게 약속을 주시고, 우리를 심방하시고, 우리를 인도하실 것입니다. 앞서간 분을 만날 날을 기대하며 고난의 땅에서 인내하며 사시기 바랍니다.

찬송가 305장 "나 같은 죄인 살리신"
찬송가 492장 "잠시 세상에 내가 살면서"

하관예식설교(예)

성경 : 욥기 1:21

제목 : 몸을 취하시는 하나님께 찬송을

이제 故 000 성도님의 육신이 완전하게 우리 눈앞에서 사라지게 되는 순간입니다. 000 성도님의 육신을 떠나보내면서 우리의 '육신'과 관련하여 욥의 고백을 통해서 우리가 취해야 할 자세에 대해서 생각해 보려고 합니다.

욥이 말하기를 "내가 모태에서 알몸으로 나왔사온즉"이라고 했습니다. 그렇습니다. 우리의 몸은 하나님으로부터 말미암은 것으로 우리는 어느 것도 우리의 것이라고 주장할 수 있는 것이 없습니다. 모태에서 알몸으로 나왔을 뿐입니다.

하나님께서 태초에 아담을 지으실 때에 흙으로 사람을 지으시고 생기를 불어넣어 주심으로 사람이 되게 하셨고(창 2:7), 그 이후에는 하나님이 정하신 일반생육법의 방식을 따라 부모를 통하여 우리에게 몸과 영혼을 동일하게 허락하십니다. 그러므로 우리의 몸과 영혼은 하나님의 것이며, 하나님께 드려야 하는 것이며, 하나님께서 취하셔야 하는 것입니다. 그것이 바로 몸과 영혼의 본질입니다. 그래서 욥은 나아가 이렇게 고백합니다. "주신 이도 여호와시오 거두신 이도 여호와시오니"라고 말입니다.

이러한 원리를 따라 故 000 성도님의 영혼은 이미 소천하심과 동시에 하나님 앞으로 인도되었으며, 이제 영혼이 떠나고 남겨진 몸이 우리의 눈을 떠나게 됩니다. 이미 영혼이 떠났고 몸이 떠나지만, 아마도 영혼이 떠났을 때보다도 몸이 떠날 때에 더 슬프게 다가올 것입니다. 그것은 눈에 보이지 않는 것보다 눈에 보이는 것의 사라짐이 우리에게 더 실질적으로 다가오기 때문입니다. 그러나 눈에 보이지 않는 것과 눈에 보이는 것 모두가 중요한 것이므로 우리는 영혼이 떠났을 때에 가졌던 마음과 동일한 마음으로 몸을 떠나보내야 할 것입니다.

이제 떠나는 몸은 하나님이 주신 것으로, 그 주신 분이 취하십니다. 이때 우리가 마냥 슬퍼할 수 없는 이유는 썩어 없어질 이 몸을 대신하여 영원토록 썩지 아니할 영광스러운 몸을 주실 것이기 때문입니다(고전 15:44, 53). 이 사실을 우리는 날마다 사도신경을 통해 고백합니다. "몸의 부활을 믿습니다." 욥이 죽음에 가까운 고통 가운데 이러한 고백을 함과 동시에 "여호와의 이름이 찬송을 받으실지니이다"라고 고백했던 것은 바로 몸에 대한 분명한 믿음이 있었기 때문입니다. 몸은 하나님으로부터 온 것이며, 그 몸은 비록 썩어 없어지더라도 그 몸을 대신하여 영원토록 썩지 아니할 영광스러운 몸이 기다리고 있음을 알았기 때문입니다.

오늘 이 시간 故 000 성도의 몸을 취하시는 하나님께 찬송합시다.

몸을 취하시는 하나님께 감사합시다. 왜냐하면 하나님께서 몸을 취하신다는 사실은 곧 이 몸이 하나님으로부터 말미암았다는 분명한 증거가 되기 때문입니다. 몸을 주신 분만이 몸을 취하실 수 있습니다. 몸을 취하시는 분이 곧 몸을 주신 분입니다. 오직 하나님께 영광입니다.

　찬송가 240장 "주가 맡긴 모든 역사"
　찬송가 235장 "보아라 즐거운 우리집"

장례 예절, 알림과 감사 (부고장 / 인사)

1. 장례 예절

1) 장례는 경건한 분위기에서 진행되어야 하기에 불쾌한 언어나 농담 혹은 상황에 부적절한 말과 행동을 삼간다.

2) 장례식에서 많은 말이나 미사어구 보다 진심으로 유족을 위로한다.

3) 장례식에서 서로를 존경하되 무례한 행동을 하지 않는다.

4) 장례식은 슬픔을 당한 유가족에게 집중되도록 개인적 영웅담을 늘어놓지 않는다.

5) 장례식의 엄숙하고 경건한 분위기에 맞는 복장을 갖춘다. 장례에 적절한 복장이란 문화에 따라 다르겠지만, 대체로 어두운 색이나 단정한 스타일의 복장을 갖추는 것이 좋다.

6) 장례식에서 너무 과한 울음이나 개인적 감정 폭발은 장례 분위기
를 해칠 수 있으니, 적절히 조절한다.

7) 장례식에서 시비와 갈등을 일으키는 말과 행동을 삼간다.

8) 장례식에서 종교적 비방이나 조롱은 적절하지 않다. 다른 사람의
종교와 신앙을 존중한다.

2. 장례 인사말

[조문객]

"하나님의 위로가 함께 하시길 빕니다."

"상심이 크시겠습니다."

[상주]

"바쁘신 중에도 조문해 주셔서 감사합니다."

"위로해 주셔서 감사합니다."

"위로해 주셔서 큰 힘이 됩니다."

3. 알림과 감사

'부고장'은 장례 주관자가 고인의 친척이나 주변 사람에게 죽음 사실
과 발인, 장례 장소 등을 서면이나 SNS로 알리는 문서이다. 부고장은

고인의 사망 사실을 정확하게 전달하고 간략한 유감의 뜻을 기록하고 장례일, 장례식장과 장지를 작성하는 것이 일반적이다. 부고장의 내용은 다음과 같다. 첫째, 고인의 성함, 돌아가신 시각과 장소 등 부고의 내용을 적고, 경우에 따라 애도나 유감의 뜻을 간략하게 기재한다. 둘째, 장례 일정, 장례식장, 장지를 고지하여 조문할 수 있도록 안내한다. 셋째, 상주(고인의 배우자, 자녀 등)의 이름을 적는다. 넷째, 장례 주관자의 이름과 전화번호나 연락할 메일을 제공한다.

예)

부고

000의 부친 000께서 노환으로 0000년 00월 00일 00시 00분에 소천하셨기에 삼가 알려드립니다.

    장례식장: 000 병원 장례식장
    장례식
            입관: 00월 00일 00시
            발인: 00월 00일 00시
            하관: 00월 00일 00시
    장지: 00도 00시 00로 0길

                                          0000년 00월 00일
                                          장례 주관자 000

'감사장'은 장례를 치른 후 조문한 사람들에게 표하는 감사의 방법이다. 편지나 카드로 할 수도 있지만, SNS로 전달하기도 한다. 내용은 장례를 통해 고인을 생각하며, 조문을 통해 유족들을 위로하고 격려와 사랑을 보여주신 것에 감사한다. 고인의 생애, 죽음, 그리고 장례와 관련된 이야기를 간략하게 나누어도 좋을 것이다.

예)

감사 인사

저희 가족은 고인이 된 OOO님의 장례식에 참석해 주셔서 진심으로 감사드립니다. 고인은 저희 가족에게 참으로 소중한 존재였습니다. 그분을 보내는 것이 형용할 수 없는 슬픔이었지만, 방문하여 위로해 주셔서 큰 힘이 되었습니다. 그 힘으로 이후의 시간을 잘 이겨내겠습니다.

귀하에게도 하나님의 은혜와 평강이 가득하길 빌며 항상 기도하겠습니다.

OOOO년 OO월 OO일

OOO 드림

감사 인사

이번 저희 어머니(아버지)의 장례에 따뜻하고 풍성한 위로를 베풀어주심에 감사를 드립니다. 오래도록 기억하겠습니다. 그래서 다음에는 저희가 꼭 그렇게 할 수 있도록 경조간에 기회 주시기를 당부드립니다. 삼위 하나님의 충만하신 은혜와 복이 넘쳐나기를 기원합니다.

000, 000 올림

감사드립니다

어머님(아버님)의 장례를 은혜 가운데 잘 마쳤습니다.

어머님(아버님)은 만 00년을 믿음으로 살다 소천하셨지만 이별의 슬픔과 고인에 대한 미안함이 사무칩니다. 그러나 함께 애도하고 기도하고 위로해 주셨기에 저희 유가족들이 큰 힘을 얻었습니다.
아무쪼록 기쁜 일이든 궂은 일이든 소식을 알려 주시면 함께 하겠습니다. 주님의 은혜가 함께 하시길 기원합니다.

하나님은 영원히 우리 하나님이시니
그가 우리를 죽을 때까지 인도하시리로다 (시 48:14).

000 000 올림

장례 FAQ

1. 교회예식에서 장례식은 결혼식과 어떤 차이가 있는가?

결혼식과 장례식은 성례가 아니다. 그런데 결혼식과 장례식의 차이가 있다. 개혁교회에서는 결혼식을 교회의 일로 생각하지만, 장례식은 교회의 일이 아니라 가족의 일로 생각한다. 그래서 장례식은 유가족이 주도하여 치른다.

2. 소위 '교회장'은 어떤 것이며 어떤 상황에서 할 수 있는가?

원칙적으로 장례식은 당회가 주관하는 교회 행사가 아니다. 장례를 당한 가족의 일로서 유가족이 주도하여 장례를 치러야 한다. 유가족의 요청과 교회 협조로 장례식을 진행한다고 할지라도 장례식이 '가족장'

이라는 점은 변하지 않는다. 그래서 대개 모든 장례비용과 장례절차는 유가족이 주관하고 책임을 진다. 그런데 이와 달리 '교회장'은 특별한 예외적 상황에서 교회(당회)가 판단하고 주도해서 장례절차를 주관하고 심지어 장례비용(전부 혹은 일부)도 지출하는 것을 가리킨다.

그렇다면 무엇을 기준으로 가족장과 교회장을 구분할 수 있을까? 최종 적으로는 당회가 판단할 일이지만 예를 들면 본 교회에 크게 기여하여 온 교회가 함께 애도하며 장례를 치르고자 할 때를 생각할 수 있다. 이 '교회장'은 고인이 해당 노회에 특별하게 기여했을 때 노회(임원회)가 판단하여 주관하는 '노회장', 고인이 총회에 특별하게 기여했을 때 총회(임원회)가 판단하여 거행하는 '총회장'에 비교할 수 있다.

3. 장례식에서 염두에 두어야 할 점에는 어떤 것이 있는가?

1) 죽은 자를 위해 시행하는 미신적인 행위는 절대 삼가야 한다. 예를 들어 성수 뿌리기, 죽은 자를 위한 기도, 무덤이나 관 앞에 촛불을 켜거나 향을 피우거나 배례하는 일 등이다.

2) 시편이나 찬송을 부르고 합당한 성경을 낭독하며 설교를 하고, 특별히 비참한 일을 당한 자로 하나님의 은혜를 받게 하며 저희의 슬픔이 변하여 영원한 유익이 되게 하며, 위로를 받도록 해야 한다. 또 유족들을 위로하는데 힘을 쓰고, 신앙이 없이 생활하다가 별세한 고인에 대한 소망은 언급하지 않아야 한다.

4. 죽은 자가 신자인데도 장례식에서 그를 위해 어떤 것도 할 수 없는가?

1) 죽은 자가 신자든 불신자든 죽은 자를 위해 어떤 것도 할 수 없다. 중세교회와 천주교의 관습에는 시신을 향하여 혹은 시신 옆에서 무릎을 꿇거나 기도하는 관습, 관이나 매장지에 성수를 뿌리는 것이나, 죽은 자를 위하는 기도 등이 있었다. 이런 것 때문에 16세기의 종교개혁가들이나 웨스트민스터 예배지침(1645년)은 시신을 운구해서 장지에 옮기기까지 어떤 의식도 갖지 말고 즉시 매장하라고 하였다(10장 장례식).

2) 장례식에서 고인과 관련해서 드리는 기도는 고인의 출생 이후 지금까지 인도하신 하나님의 은혜를 생각하며 감사기도를 드릴 수 있다.

5. 장례예식을 타 종교의 의식과 섞어서 해도 되는가?

유족이 많아서 타 종교에서 장례식을 관장하는데, 한 자녀가 기독교인이어서 교회가 찾아가서 위로해야 할 수도 있다. 이런 경우 복음을 전할 기회가 될 수 있으나 오해의 가능성이 있으므로, 목사나 당회가 신중하게 판단하되 예식은 섞어서 하지 않는 것이 바람직하다.

6. 불신자 고인의 장례를 기독교식으로 치를 수 있는가?

유족이 원할 경우 고인이 불신자라도 기독교식으로 장례를 치를 수 있다. 왜냐하면 기독교 장례는 고인을 위함이 아니라 유족을 위한 것이기 때문이다. 이때 유족들을 위로하고 복음을 전하는 전도의 계기로 삼을지언정 고인에 대한 소망은 언급하지 않아야 한다.

7. 자살자의 장례를 교회가 치룰 수 있는가?

장례식은 죽은 이에게 무언가를 해 주는 예식이 아니다. 장례식은 살아 있는 이들, 즉 유가족을 위로하고 믿지 않는 이들에게 복음을 전할 기회다. 그럼에도 불구하고 교회가 자살자의 장례를 주관하면 자살한 사람이 천국에 갔을 것이라는 오해를 포함하여 신앙상의 큰 혼란을 줄 수 있기에 그런 장례식을 주관하지 않는 경우가 많았다. 총회(고신)에서도 자살자의 장례식을 교회에서 주관할 수 없다고 여겼기에 이것에 대해 논의한 적이 한 번도 없다. 교회가 자살한 이의 소망에 대해서는 말할 수 있는 것이 없기 때문이다.

굳이 말한다면 우리는 '자살자가 천국에 갈 수 있다'고 말하기보다는 '자살자가 반드시 지옥에 간다고 단정할 수 없다'고 말해야 한다. 모든 자살이 다같은 것은 아니기 때문이다. 예를 들어 우울증과 같은 질병으로 인한 자살은 일반적인 자살과 다르게 보아야 한다.

교회는 신자의 자살이 있을 때 그 형편을 잘 헤아려 공적인 광고를 하면서 장례를 주관하지 못하더라도 유가족을 위로할 수 있는 길을 찾아야 한다. 깊은 슬픔에 사로잡혀 있는 유가족이 소망 가운데 살아가도록 격려하고, 신앙의 회의를 벗어날 수 있도록 도와주어야 한다.

8. 장례식의 설교는 어떠해야 할까?

1) 예배의 형식을 취하나 주일 공 예배와는 다른 성격을 가지고 있다. 이를 통해 죽은 자를 위하는 것은 아무것도 없다.

2) 장례가 예배의 형식을 취하는 것 특히 장례식 때 기도와 설교에 대해 교회 역사에서 많은 토의가 있었다. 웨스트민스터 총회에서는 이 문제를 가지고 6일 동안 토의한 바가 있다. 쟁점은 매장 후의 설교였다. 이로써 목사의 과도한 설교 부담으로 이어져 목사의 업무를 지치게 하고, 부자와 가난한 성도를 구별해서 부자를 위해서 설교를 남용하는 결과를 낳았다고 하여(장례 설교에 대한 수고비를 받음) 다음과 같이 결론을 내렸다. 즉 매장 후에 시행하는 추모와 이를 위한 회합만을 허락하였다. 네덜란드 개혁교회는 1590년대에 이와 관련하여 장례 설교 대신에 '감사의 말'로 할 것을 규정하였다.

3) 따라서 목사는 '감사의 말'로 고인을 추모하며, 유족에게는 위로와 소망의 말로 권면하고, 특히 불신 가족을 염두에 두고 전도의 계기로 삼아야 한다.

4) 한국교회의 장례예식의 설교가 바로 '감사의 말'에 해당하는 것이다.

9. 예배당에 시신을 놓고 장례식을 할 수 있는가?

총회(고신)에서 '교회당 내의 예배실에 시신을 가져다 놓고 예배를 드리는 일이 개혁주의 표준 문서상으로나 성경적으로 잘못된 일이 아닌가?'라는 질의가 있었다. 거룩한 장소에 시신을 가져다 놓고 예배하는 것이 잘못된 것이 아닌가 하는 생각이다.

우리 정서로서는 용납하기 힘들 수 있겠지만 장례식장을 이용하기 전에는 예배당에 관을 놓고 장례식을 치르곤 했다. 지금도 유럽과 미국 등에서는 왕족들뿐만 아니라 신자의 시신을 예배당에 옮겨놓고 발인식을 하는 것을 볼 수 있다. 발인하기 전에 관을 고인의 얼굴을 마지막으로 볼 수 있는 기회를 가진다.

예배당에서 발인식을 하는 것은 충분히 가능하다. 하지만 현실적으로 예배당에서 하는 경우는 드물고 장례식장을 주로 이용한다.

10. 신자의 시신을 화장(火葬)해도 되는가?

전통적으로 기독교의 장례는 주로 매장을 선호했다. 신자의 죽음을 잠에 비유하듯이 다시 깨어날 것이라고 믿었기 때문이다.

1) 신자의 시신이 매장되는 곳은 그의 시신이 부활하는 곳이 될 것이다. 신자의 몸은 썩어가겠지만 신자는 죽는 순간 그 영혼이 하나님께로 가서 안식한다. 마지막 날에 그리스도께서 다시 오실 때 신자의 몸과 영혼이 결합하여 마지막 심판을 받는다. 그렇다면 신자의

장례식은 슬픈 예식이 아니라 새로운 생명을 받게 되는 예식이다.

2) 화장은 불교, 힌두교 등에서 선호하는 장례식이다. 시신을 불에 태워서 완전히 재로 날려 버리는 것은 윤회에 대한 사상 때문이다. 불로 태워서 이생에서의 삶을 완전히 절멸시킨 후, 다른 생으로 태어나서 윤회의 사슬을 다시 돈다고 믿기 때문이다. 화장이 이런 배경이 있기에 기독교가 화장을 터부시하곤 한다.

3) 종교적인 신념이 아니라 현실적인 이유로 화장이 늘어가고 있다. 대한민국의 전 국토가 무덤이라고 할 정도가 되었고, 이제 매장지가 거의 없기 때문에 화장을 하고 납골당에 유골을 모셔두는 것이 늘어가고 있다. 화장을 해서 시신이 가루가 되면 어떻게 부활이 가능하냐고 말할 필요가 없다. 매장하더라도 세월이 오래 흐르면 시신은 다 흙으로 돌아가 버리기 때문이다. 신자가 화장을 한다고 해서 부활을 부인하는 것이 아니다. 하나님께서는 얼마든지 죽은 자를 살려내실 것이라고 믿는다면 화장을 무조건 금할 이유는 없다. 매장이 기독교적인 장례에 걸맞은 것임에도 불구하고 말이다.

11. 장례식 이후에 유가족을 어떻게 위로하는 것이 좋을까?

유가족은 장례식 동안 실제로 애도할 여유가 없다. 오히려 장례식 이후 상실감과 슬픔에 사로 잡히기 쉽다. 그러므로 장례식 이후에도 교회는 유가족을 잊지 말고 기도하고 적절히 위로한다.

12. 추도식을 해도 되는가?

고인이 돌아가신 날짜에 맞추어서 추도식을 하는 경우가 있다. 가족들이 모여서 돌아가신 분을 추모하면서 믿음의 길을 잘 달려갈 것을 다짐하려는 마음을 가질 수 있다.

1) 제사를 드리는 마음으로 추도식을 하면 안된다.

2) 장례식에서 고인을 위해 할 수 있는 것이 아무것도 없는 것처럼 추도식도 마찬가지이다. 이것을 유가족들에게 분명하게 명심시켰다면 추도식을 인도해 달라고 목회자에게 요구할 때 거부할 이유는 없다.

3) 제사상을 차리는 마음으로 식탁을 차리지 말아야 한다. 하지만 추도식을 한 후에 같이 식사의 교제를 나누는 것은 아름다운 일이다. 어쨌든 성도는 산 자와 죽은 자를 심판하실 그리스도께 자신을 의탁해야 할 것이다.

타임 테이블 및 체크 리스트

내용	시기 (최소한)	체크
죽음교육		
사망신고	사망 후 즉시 관계기관에	
장례식장 예약	3일장, 혹 5일장 결정	
화장장 예약		
교회 알림		
부고		
위로예식	(교회가)	
입관/발인	장례일정에 맞추어	
화장/매장	장례일정에 맞추어	
장례 후 인사		
장례 후 위로	(교회가)	